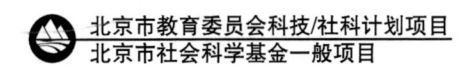

北京市教育委员会科技/社科计划项目
北京市社会科学基金一般项目

社保投入与创新：人力资本驱动下的企业高质量发展

Social Security Investment and Innovation: Human Capital-Driven High-Quality Development of Enterprises

王元芳　汪莹莹　杨格斐 ◎ 著

首都经济贸易大学出版社
Capital University of Economics and Business Press
·北京·

图书在版编目（CIP）数据

社保投入与创新：人力资本驱动下的企业高质量发展 / 王元芳，汪莹莹，杨格斐著. -- 北京：首都经济贸易大学出版社, 2025. 8. -- ISBN 978-7-5638-3900-1

Ⅰ. F842.61；F279.23

中国国家版本馆CIP数据核字第2025JJ8059号

社保投入与创新：人力资本驱动下的企业高质量发展
SHEBAO TOURU YU CHUANGXIN：RENLI ZIBEN QUDONG XIA DE QIYE GAOZHILIANG FAZHAN
王元芳　汪莹莹　杨格斐　著

责任编辑	王　猛
封面设计	砚祥志远·激光照排　TEL：010-65976003
出版发行	首都经济贸易大学出版社
地　　址	北京市朝阳区红庙（邮编100026）
电　　话	（010）65976483　65065761　65071505（传真）
网　　址	https：//sjmcb.cueb.edu.cn
经　　销	全国新华书店
照　　排	北京砚祥志远激光照排技术有限公司
印　　刷	北京九州迅驰传媒文化有限公司
成品尺寸	170毫米×240毫米　1/16
字　　数	191千字
印　　张	9.75
版　　次	2025年8月第1版
印　　次	2025年8月第1次印刷
书　　号	ISBN 978-7-5638-3900-1
定　　价	48.00元

图书印装若有质量问题，本社负责调换

版权所有　侵权必究

前　言

中国拥有丰富的劳动力资源，这为经济的持续增长提供了可靠而有力的支持。然而，随着我国生育率下降、劳动年龄人口减少以及人口老龄化加速，数量型"人口红利"的消失使得劳动密集型优势减弱，传统要素对于经济增长的推动作用降低逐渐成为现阶段中国经济发展的特点，寻求新的经济增长动力也成为中国经济保持稳健发展的核心任务。与此同时，劳动力素质的提升以及高素质劳动力比例的增加，形成了质量型"人力资本红利"，这将缓解人口红利减弱对中国经济的负面影响。近年来，政府采取多项措施促进就业结构的优化升级，提高劳动力的素质和技能水平，国家制定一系列法律法规，确保劳动者的合法权益得到保障。同时，加大对劳动市场的监管和执法力度，打击违法用工和拖欠工资等违法行为，为劳动者提供更加安全、稳定的工作环境。

作为全球最大的发展中国家，中国在经济增长、政策制定和社会结构等方面展现出鲜明特征。在国家宏观政策的指导下，中国经济制度得到不断完善，劳动就业与劳动保护体系也日益健全，中国特色经济制度展现出了独特的活力。中国的宏观政策与经济制度紧密相连，共同构成了国家发展的基石。政府通过实施一系列财政、货币、产业和区域政策，推动经济高质量发展。这些政策旨在调整经济结构、优化产业布局、深化改革开放，以应对国内外经济环境的变化。

除了中国的宏观产业政策（如政府补贴）与经济制度为劳动保护提供了有力的保障以外，在推动现代企业制度的建立过程中，企业层面充分考虑了我国独特的政治、经济和社会基本制度，并在借鉴国际公司治理实践的基础上，将党组织嵌入企业治理结构，为丰富中国特色社会主义的实践和理论探索提供了新的视角，具有重要的理论价值与现实意义。

在此背景下，本书探讨了我国宏观产业政策对劳动力保护以及企业微观行为的影响，分别研究了以政府补贴为代表的外部产业政策、以党组织为代表的内部政策的实施对企业劳动保护、高质量创新发展的影响。同时，以社会保险制度的制定和实施为切入点，探讨伴随中国的"人力资本红利"取代"人口红利"成为经济增长的新动力来源，劳动保护制度的完善对企业吸引高素质人才、提升创新能力的重要影响。根据实证分析结果，本书的主要研究结论如下：

首先，以政府补贴为代表的外部产业政策能够显著促进企业劳动就业规模的扩大，提高就业率，同时提高企业高技能和高学历人才占比以及企业劳动收入份额，且这种影响在税收征管力度小、劳动力市场供给充裕的地区，以及盈利能力强、劳动雇佣需求大的企业中更为显著。进一步讨论发现，政府补贴改善了企业的经营状况，促进了企业创新，但却扩大了企业高管与普通员工的薪酬差距。

其次，将研究视角从外部政策制定转移到企业内部的政策实施保障层面后可以发现，党组织参与公司治理有助于增强员工权益保护，从而推动公司的长期发展。具体来说，党组织参与公司治理可以显著促进企业创新，这一促进作用主要是通过保护员工权益实现的，即通过提高员工社保投入、增加人力资本积累、缩小内部收入差距，促进企业创新。进一步分析发现，这一作用在非管制行业、央企、经济发达地区、员工信任程度高的企业中更加显著，而且当党委书记由高管兼任时，这一影响更为显著。

最后，通过深化劳动保护制度的研究内容，以社会保险缴纳为切入点，分析在社会保险法制定和实施的背景下劳动保护对企业创新的影响效果后可以发现，企业的社会保险投入力度对企业创新具有显著正向影响，推动高质量人力资本的累积能够进一步提升企业的创新表现与业绩。此外，在税收监管环境更为严格的地区，随着社会保险征缴职责全面划归税务部门管辖，社会保险投入的正面效应在促进企业创新方面表现得更明显。进一步分析显示，在非公有制经济主体、创业板及科创板上市企业以及劳动密集型行业内，社会保险投入水平的提升对企业创新的促进作用更为显著，这证明了制度环境、企业属性与劳动结构对社会保险投入效果的调节作用。

本书旨在探讨中国特色政策制度对企业发展的赋能效果，其创新点在于结合中国的特色和发展实情，以"政策赋能企业行为"为立足点，提炼出政策赋能、劳动保护与企业高质量创新发展的逻辑框架，并全面深入地探讨政策制度、劳动保护、企业创新三者之间的逻辑关系和影响效应。这一独特的研究视角为系统评价政策赋能、劳动保护的潜在特征和多重影响提供了启示。本书的研究结论对于政府科学有效地制定宏观经济政策、薪酬分配政策以及"稳就业"政策具有非常重要的意义，有助于充分释放劳动者的积极性和创造性，促进我国企业高质量发展。

目　录

第一章　绪论 ··· 1
　第一节　问题的提出 ·· 1
　　一、研究背景 ··· 1
　　二、研究意义 ··· 6
　第二节　研究目标、研究内容、逻辑框架和技术路线 ············· 9
　　一、研究目标 ··· 9
　　二、研究内容 ··· 9
　　三、逻辑框架 ·· 10
　　四、技术路线 ·· 11
　第三节　研究方法与创新点 ·· 12
　　一、主要的研究方法 ··· 12
　　二、本书的创新点 ·· 13
　本章小结 ·· 14

第二章　理论基础与文献回顾 ·· 15
　第一节　理论基础 ·· 15
　　一、政府与市场关系理论 ··· 15
　　二、市场失灵理论 ·· 16
　　三、技术创新理论 ·· 16
　　四、外部性理论 ··· 17
　　五、人力资本理论 ·· 18
　　六、竞争优势理论 ·· 19
　第二节　文献综述 ·· 20
　　一、政府补贴的相关研究 ··· 20
　　二、劳动保护的相关研究 ··· 24
　　三、党组织参与公司治理的相关研究 ··························· 31

1

四、创新影响因素的相关研究 …………………………………… 33
　　五、文献评析 ……………………………………………………… 35
　本章小结 ……………………………………………………………… 36

第三章　我国劳动保护的制度背景与理论分析 …………………………… 37
　第一节　我国劳动保护的制度背景 ……………………………………… 37
　　一、我国产业政策的历史沿革与特征 …………………………… 37
　　二、劳动保护政策的制定与实施现状 …………………………… 43
　　三、企业内部党组织参与公司治理的制度保障 ………………… 54
　第二节　劳动保护与企业创新的理论分析 ……………………………… 63
　　一、政府补贴与劳动保护 ………………………………………… 64
　　二、党组织治理与劳动保护、企业创新 ………………………… 66
　　三、社保投入与企业创新 ………………………………………… 69
　本章小结 ……………………………………………………………… 72

第四章　政府补贴与劳动保护的实证检验 ………………………………… 74
　第一节　研究设计 ………………………………………………………… 74
　　一、样本选择与数据来源 ………………………………………… 74
　　二、变量说明和模型设计 ………………………………………… 74
　第二节　实证分析 ………………………………………………………… 77
　　一、描述性统计 …………………………………………………… 77
　　二、回归结果分析 ………………………………………………… 77
　第三节　异质性分析与经济后果检验 …………………………………… 89
　　一、异质性分析 …………………………………………………… 89
　　二、经济后果检验 ………………………………………………… 93
　本章小结 ……………………………………………………………… 95

第五章　党组织治理、劳动保护与企业创新的实证检验 ………………… 96
　第一节　研究设计 ………………………………………………………… 96
　　一、样本选择与数据来源 ………………………………………… 96
　　二、变量说明和模型设计 ………………………………………… 96

　　第二节　实证分析 … 98
　　　　一、描述性统计 … 98
　　　　二、回归结果分析 … 99
　　第三节　异质性分析与党委书记任职的影响 … 107
　　　　一、异质性分析 … 107
　　　　二、党委书记任职的影响 … 111
　　本章小结 … 112

第六章　社保投入与企业创新的实证检验 … 114
　　第一节　研究设计 … 114
　　　　一、样本选择与数据来源 … 114
　　　　二、变量说明和模型设计 … 114
　　第二节　实证分析 … 116
　　　　一、描述性统计 … 116
　　　　二、回归结果分析 … 117
　　第三节　异质性分析 … 124
　　　　一、产权性质分组检验 … 124
　　　　二、不同上市板块分组检验 … 125
　　　　三、不同劳动密集度分析 … 125
　　本章小结 … 127

第七章　研究结论、政策建议与研究展望 … 128
　　第一节　研究结论 … 128
　　第二节　政策建议 … 129
　　第三节　研究展望 … 130
　　本章小结 … 131

参考文献 … 132

后记 … 148

第一章 绪 论

作为研究的起点，本章将结合现实提出问题，并在此基础上明确研究意义，介绍本书的主要内容和创新点，最后概括出研究方法和技术路线等。

第一节 问题的提出

一、研究背景

（一）劳动保护与就业问题严峻

在 2017 年党的十九大报告中，习近平总书记提出"要坚持就业优先战略和积极就业政策，实现更高质量和更充分就业"的指导方针。2018—2021 年的中央政治局会议多次强调稳定就业工作的重要性，坚持采取双轨并行策略：一方面，致力于扩大就业的总体规模；另一方面，注重提升就业的质量与层次，促进就业市场的稳健发展，并切实维护广大劳动者的合法权益。2022 年 10 月，党的二十大指出，就业作为民生之基，其重要性不言而喻，需要坚定不移地实施就业优先的系列政策与长远战略，这为确保高质量、充分就业奠定了坚实的政策基石，并提供了行动指南。

中国拥有庞大的劳动力市场，在"十四五"期间，16~59 岁劳动人口保持在 8.5 亿人以上。同时，当前我国经济回暖基础尚不牢固，经济发展的不确定性，需求下降、供应方面的冲击以及疫情等多重因素均对就业形势产生影响，导致城镇新增就业明显下滑，失业率上升。为应对就业挑战，政府提出"劳动者自主就业，市场调节就业，政府促进就业"的方针。每年近千亿元的政府补贴流向企业，为企业提供一定的资金支持，进而促进就业市场的稳定。特别是在当前国内外复杂多变的经济形势的背景下，为了保障企业提供就业的稳定性，中国中央和地方政府纷纷制定并出台了减免税负、优惠贷款以及稳岗补贴等各种措施（蒋银娟，2021）。图 1.1 展示了 2018—2022 年中国劳动力和政府补贴情况，可以清晰地看到，劳动力人口和就业人口在逐年下降，失业率和政府补贴则逐年上升。

长期以来，就业问题备受中国社会关注，也对亿万人民的生计和社会稳定具有重要影响。实现更充分、更高质量的就业，不仅是经济发展的需要，也是构建现代化国家的内在要求。在中国，就业问题始终是一个复杂而紧迫的挑战。我国拥有庞大的劳动力市场，劳动力供给充沛，但经济发展的不确定性，需求下降、供给方面的冲击以及疫情等多重因素对就业的影响很大。特别是在全球经济复苏乏力的情况下，市场预期不稳，企业纷纷缩招和减员，导致城镇新增就业明显下滑，失业水平上升。疫情因素的影响仍然存在，世界经济环境复杂多变，这使得企业面临更大的不确定性，一些就业容量较大的行业以及受疫情冲击较为严重的地区，仍然需要一定时间才能够完全恢复。此外，在全球经济低迷的情况下，一些依赖外部需求的外贸出口企业复苏步伐相对缓慢，这也使得就业面临一定的压力，导致就业形势复杂而严峻。与此同时，就业机会和薪资水平在不同人群之间存在巨大的差异，劳动力市场出现供需错位的结构性就业矛盾，导致出现招工难和就业难并存的情况。部分企业面临招工难的挑战，一线工人长期供不应求，技能人才的供给也相对不足。

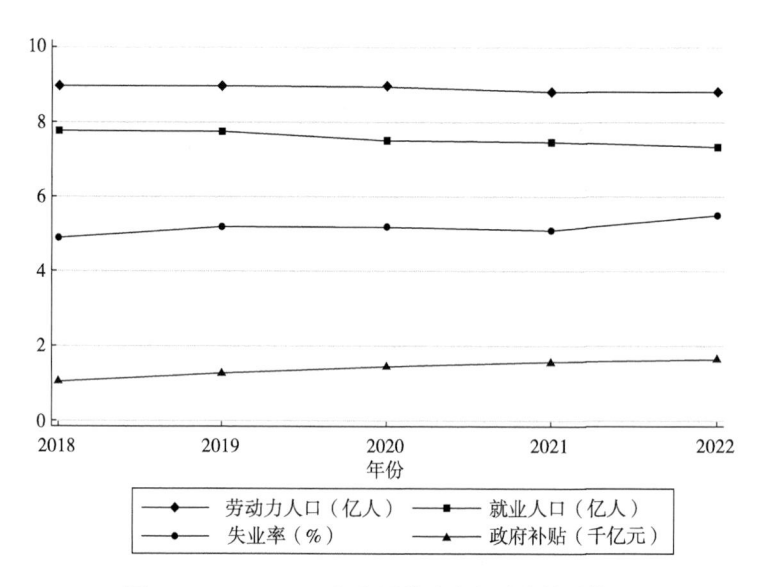

图 1.1　2018—2022 年中国劳动力和政府补贴情况

资料来源：笔者根据政府工作报告整理。

随着产业转型升级的加速，部分劳动者的技能需要一定时间来完成转换，使得人们在就业过程中面临更大的困难。就业问题不仅仅是劳动者个体和家庭面临的挑战，更关系到整个社会的稳定和中国经济的可持续发展。亿万劳动者的就业状况直接关系到人们的收入水平和生活质量，同时对社会的安定产生影响，在经济全球化和科技大发展的背景下，中国更加需要灵活和有针对性地解决就业问题，不仅关注数量的增长，更要注重质量的提升。

（二）政府补贴等多项政策促进了劳动力就业

面对严峻的就业挑战，政府确立了"劳动者自主就业，市场调节就业，政府促进就业"的方针。该就业方针旨在通过多方面的手段，促进就业市场的稳定，为居民提供更多的就业机会。地方就业状况对于当地社会稳定和居民生活具有直接的影响……地方政府有责任创造就业机会，保障当地就业市场稳定（唐清泉和罗党论，2007）。在西方国家，政府更加重视将财政补贴与企业提供的就业机会挂钩（Wren and Waterson，1991；Harris，1991）。这种模式旨在通过财政支持，鼓励企业创造更多的就业机会，从而促进地方就业市场的稳定。

相较之下，我国的政府补贴被视为一种战略性干预手段，旨在通过财政资源的定向分配，对市场机制进行微调，以达成宏观经济或微观层面政策目标。政府每年为上市公司分配近千亿元规模的财政补贴款项（魏志华等，2015），为企业提供了实质性的财务援助，进而对促进劳动力市场的稳定产生积极的影响。为了保障企业就业的稳定性，中央和地方政府纷纷制定并出台了减免税负、优惠贷款以及稳岗补贴等各种措施。这些措施包括实施减负稳岗系列政策、发挥财政职能作用、丰富拓展扩岗激励举措等。具体而言，我国针对社会保险费率进行了7次系统性调整，旨在优化费率结构；5项社会保险项目的单位缴费比例显著下降，从2012年的41%逐步下降至当前的33.95%。2020年疫情期间，我国政府也迅速响应，实施了临时性的社会保险费用减免与优惠措施[①]。

2022年，为有效缓解特定产业领域及面临挑战企业的经济负担，政府精准施策，推行了针对养老保险、失业保险及工伤保险的阶段性缓缴政策，旨在为企业提供必要的流动资金支持。与此同时，针对中小微企业这一经济活力的重要源泉，政府特别实施了职工基本医疗保险单位缴费部分的阶段性缓缴方案，截至11月底，此项措施成功为企业减轻约2 052亿元人民币的资金压力。为进一步巩固就业市场稳定，政府提高了失业保险稳岗返还政策的执行效率，扩大了政策覆盖面，截至11月底，顺利完成484亿元人民币的返还资金发放，惠及企业数量达769万户。此外，政府还设立了一次性留工培训补助，作为支持企业促进员工技能提升与稳定就业的新举措。截至11月底，该补助项目累计发放资金259亿元，惠及企业数量达472万户，不仅为企业员工提供了宝贵的学习与发展机会，也进一步夯实了劳动力市场的韧性与潜力[②]。为鼓励企业维持员工队伍稳定，政府制定并实施了住房公积金的阶段性扶持策略，旨在通过灵活调整缴存规定，为

[①] 人民网：我国社会保险单位费率降至23.45% 企业社保成本大幅降低。https://chinajob.mohrss.gov.cn/h5/c/2022-09-01/358527.shtml。

[②] 中华人民共和国中央人民政府网：政策见效快，帮扶成效显，截至去年11月底——社保"缓返补"为企业减负超2 700亿元。https://www.gov.cn/xinwen/2023-01/09/content_5735753.htm。

企业提供经济缓冲空间。截至11月25日，全国范围内有2.92万家企业受益于这一政策，实现了住房公积金的阶段性缓缴，总金额高达103亿元[①]。与此同时，政府积极施展其财政调控的职能，推动出台了一系列扩大就业岗位及激励就业的政策。

具体而言，自2012年起，中央财政层面已累计规划与分配了5 344亿元人民币的就业补助资金预算。同时，政府不断扩大这些政策的实施范围，并且合理确定补贴标准，通过税收减免、以工代训、留工培训补助等政策手段，政府鼓励企业积极参与就业市场，提供就业机会。

（三）企业党组织促进了劳动保护和人力资本积累

除了企业外部的政策支持以外，企业内部的党组织作为党和国家意志的体现，对企业执行国家方针、政策的力度和效果提供了保障。政府与市场关系的研究，一直都是经济学研究的核心议题，也是各国经济发展中不可忽视的重要问题。凯恩斯（2019）指出市场可能出现失灵，因此政府应对市场进行适当干预。在诺斯（North，1981，1990）完成对制度框架的奠基后，学界展开了对制度如何影响经济增长的深入探讨（Shleifer and Vishny，1993；DeLong and Shleifer，1993）。与政治相关的研究成为财务金融学、制度经济学、公司治理以及法律和经济学等前沿领域的研究焦点。1990年以后，国际学术界也开始逐渐关注政治制度对企业层面经济绩效影响的研究。

我国独特的政治制度是马克思主义基本原理与实际国情相结合的产物，不仅展现了理论上的创新性，更在实践中体现出高度的合理性。在我国，党组织构建了一个庞大的网络系统，覆盖了社会的各个层面，也包括国有企业在内。作为党的基层组织，企业内部的党组织在企业架构中占据着举足轻重的战略位置，能够凭借自身掌握的丰富资源与深厚影响力，在企业的治理结构优化、战略决策参与及执行效率提升等多个维度上展现出关键作用。因此，在研究我国企业的行为和决策时，必须将其置于中国特色政治体制与制度下进行考察。

事实上，越来越多的文献记录了中国政党制度和公司治理的独特特点（Lin and Milhaupt，2011；Chen et al.，2011；Lin，2013；Yam，2015；Feng，2016；Lin，2021；马连福等，2012，2013）。2013年以来，中国进行了一系列国有企业改革，包括混合所有制改革、国有企业公司化以及加强党对国有企业的领导（Wang and Tan，2020）。2015年8月24日，中共中央和国务院颁布了《关于深化国有企业改革的指导意见》，重申了党在国有企业，特别是在公司治理体系中

[①] 新京报：国务院报告披露，2012年来城镇新增就业年均超1 300万人。https://www.bjnews.com.cn/detail/167239877014546.html。

的核心法律地位，强调了党的领导对于国有企业改革进程的关键指导作用。该指导意见还提出了党管干部原则，即党对国有企业高管的控制。

2016年10月10日，习近平总书记指出，中国特色现代国有企业制度，"特"就特在把党的领导融入公司治理各环节，把企业党组织内嵌到公司治理结构之中，明确和落实党组织在公司法人治理结构中的法定地位。2018年9月30日，中国证券监督管理委员会颁布了《上市公司治理准则》，该准则特别强调了国有控股性质的上市公司要将党建工作正式纳入其公司章程之中，确立了党在企业治理结构中的领导核心地位以及党组织在上市公司内部的合法地位。

一系列的改革说明党和国家对国有企业仍然拥有所有权和强大影响力。中国国有企业公司治理的最大特点就是党组织参与公司治理，通过董事会、监事会、高管层的"双向进入、交叉任职"，决策前置，行政监督等方式，在企业中发挥领导核心的作用。中央国有企业的高管更是由中组部直接任命（Lin and Milhaupt, 2011）。各级党组织所构建的系统化网络，全面覆盖所有国有企业，具有极为深远的影响力。

人力资本的质量与积累，关系到创新活动的活力与成效，在技术创新上扮演着不可或缺的角色。随着中国"人力资本红利"逐步取代"人口红利"成为经济增长的主要驱动力，人才在增强企业创新能力方面的重要性愈加显著。党中央全面深化对人才发展工作的战略领导，致力于加速人才队伍的构建与扩容，推动全国人才资源总量的快速增长，从2010年的1.2亿人次跃升至2019年的2.2亿人次[1]，人才对经济增长的贡献日益突出，高达33.5%[2]。随着中国迈入高质量发展阶段，各行业对人力资本的要求显著提高。根据2021年底的统计数据，中国劳动力市场中具备专业技能的劳动者比例达到了26%，但其中高技能人才的占比仅为约30%，高技能人才在技能型劳动力中相对稀缺[3]。技能人才总量和结构与实际需求之间存在差距，这在一定程度上制约了中国经济整体供给效率和质量的提升。现有人力资本投资的相关研究成果已经比较丰富（Zingales, 2000; Bae et al., 2011; Verwijmeren and Derwall, 2010; Edmans, 2011），但较少有人从政治制度尤其是政党制度方面讨论对人力资本、劳动力保护的影响。

本书从公司这一微观主体出发，以企业劳动力保护为切入点，系统考察了企

---

[1] 光明网：新时代人才强国战略新在何处？https://news.gmw.cn/2022-01/16/content_35450534.htm。

[2] 中华人民共和国人力资源和社会保障部《全国人力资源统计数据》显示，中国正在加速建设人力资源强国。http://www.mohrss.gov.cn。

[3] 工人日报：全国技能劳动者总量超过2亿人。http://media.workercn.cn/papers/grrb/2022/05/12/3/news-2.html。

业外部的政府补贴与企业内部的党组织的微观经济效应，旨在提供增强劳动力保护、稳定社会就业、推进企业高质量创新发展的新思路，并有针对性地厘清如下问题：

第一，代表政策赋能外部表现的政府补贴是否能够改善企业的劳动保护进而促进劳动雇佣，起到"稳就业"的作用？代表政策赋能内部表现的党组织能否通过劳动力保护、人力资本积累来促进企业高质量创新？

第二，政府补贴通过何种渠道促进企业劳动雇佣？党组织通过何种渠道推动企业实现高质量创新发展？

第三，以往的研究主要采用上市公司总补贴数据作为研究对象，并未将补贴进行分类。那么不同类型的政府补贴对企业雇佣劳动力的影响是否存在差异化？

第四，社会保险投入水平代表的劳动力保护，对企业高质量创新会产生何种影响？具体而言，社会保险投入如何成为影响企业创新绩效的关键因素？随着社保征缴机构改革的深化，在税收征管力度较大的地区，社会保险对企业创新绩效的促进作用是否更强？此外，这种效应在不同所有权结构以及劳动密集度各异的企业样本中，又是否会展现出显著的差异性？

二、研究意义

本书以企业外部的产业政策（如政府补贴）和内部党组织为代表的政策赋能两个层面因素为出发点，结合我国企业的制度环境和实际背景，研究企业的内外部政策赋能因素对企业劳动力保护和高质量创新发展的影响，并提出相应的政策建议。开展以上研究，一定程度上丰富了中国特色社会主义的实践和理论探索，为我国优化企业改革提供了参考，有着较强的理论意义和现实意义。

（一）理论意义

本书的理论意义体现在以下四个方面：

第一，拓展和丰富了有关政府补贴与企业劳动雇佣决策的研究。现有文献虽然从多个角度考虑了企业雇佣决策的影响因素，但是对于政府补贴如何影响企业雇佣策略的研究相对较少，且既有研究成果间存在明显分歧。本书深入剖析了政府补贴作用于企业雇佣决策的内在机制与政策效果，并从企业劳动雇佣行为决策的角度出发，全面评估了政府补贴在微观经济层面的实际效果与影响。与以往研究相比，本书更加倾向于从补贴分类角度入手，研究不同类型补贴对企业雇佣规模及雇员结构的影响。这种方法为揭示不同补贴政策的经济后果提供了新的视角，并对相关经济理论的发展提供了新的理论支撑与实证参考。

第二，深入剖析了以社会保险缴费为代表的劳动保护政策对微观企业经济绩效产生的影响。当前，学术界已形成广泛共识，即我国企业所承受的社会保险缴费负担相对沉重，不仅加重了企业的劳动力成本负担，还制约了企业资金配置的优化与高效利用（魏志华和夏太彪，2020），这无疑对企业的市场竞争力与可持续发展能力产生了不利影响。但是，社会保险缴费与企业税收在性质上存在差异，前者直接关联员工福祉，是员工个人权益保障的重要组成部分，而后者则是企业向政府及国家缴纳的，用于公共建设与服务。因此，社会保险不仅承载着员工利益保障的功能，还深刻影响着员工对企业的满意度与忠诚度，这一情感纽带能够作用于企业的人力资本积累质量与创新能力，进而影响企业可持续发展。

第三，丰富和拓展了世界范围内政治制度对创新影响因素的研究。实证研究已经明确了资本市场、知识产权、公司治理、内部控制、工会参与以及各种公司特性都会影响创新绩效（Aghion et al.，2013；Basak and Mukherjee，2018；Chan et al.，2020；Chemmanur et al.，2014；He and Tian，2013；Tian and Wang，2014），但鲜有文献注意到政党制度、劳动力保护在其中发挥的作用。一方面，在人类现代政治文明中，政党制度作为政治制度的重要组成部分，扮演着核心角色，而中国的政党制度更具独创性。这种在企业内部成立党组织的做法，是其他国家所没有的。另一方面，从长远来看，员工作为推动企业持续进步的基石，受到保护的力度将对企业产生深远且关键的影响。本书通过政党制度和劳动力保护，对创新影响因素进行了深入探讨，为相关研究增添了新的视角和内容。

第四，拓展了企业员工权益保护、人力资本积累影响因素的学术研究，为关于中国雇主遵守劳动合同和社会保险法的文献积累做出了贡献。既有文献已经发现了竞争强度（Rhodes，1998）、同构压力（Rudra，2002）和国家文化（Pfau-Effinger，2005），企业生产技术革新对劳动力的需求（Liu and Luo，2019），社保缴费的能力（Wang et al.，2023b），领导者的身份、政治意识形态和宗教信仰对劳动力保护、人力资本积累的影响（Gupta et al.，2018），却忽略了公司中政治组织产生的直接影响，尤其是像中国这种直接把政治组织纳入公司治理结构的做法更是罕见。针对这一现象，本书从社会保险投入、人力资本积累、员工收入不平等的角度，深入剖析了中国国有企业党组织参与公司治理对员工权益保障所产生的影响，即企业中的政治组织作为政党制度在企业中的体现，是否以及如何对企业劳动力保护、创新产生影响。

（二）现实意义

第一，本书的研究内容具有明确的政策含义，通过研究政府补贴在调整企业人力资本结构中发挥的作用，探讨政府补贴是否会影响企业的雇佣决策，包括雇佣规模、雇佣员工的学历和技能偏向以及对企业劳动收入份额的影响,可为政府制定科学有效的收入分配政策与"稳就业"政策提供帮助,并有助于充分释放劳动者的积极性和创造性。由于企业的目标是追求企业价值最大化,往往不会主动承担社会性负担,如招聘更多的员工。因此,政府在制定补助政策时,应当注重其对促进就业的引导作用,让企业真正承担起社会责任,共同推动全面就业的实现。本书利用异质性分析发现,政府补贴对企业劳动力雇佣决策的影响因企业所处的不同情况而异。因此,政府应该加大对劳动力市场的投入,提高劳动力市场的供给,降低税收征管力度,增加对劳动密集型企业的补贴力度,以促进这类企业的发展。对于资本技术密集型企业,政府需强化对高技能员工的培训和支持,以增强企业核心竞争力。此外,政府应该加大对劳动雇佣不足企业的扶持力度,促进其发展并缓解就业问题,最终实现社会公平和可持续发展。

第二,本书的一个重要发现是政府创新补贴和非创新补贴对企业的影响并不相同。通过给予企业经济激励,创新补贴能够鼓励企业加大对研发和创新的投入,吸引、留住和培养高素质人才,提升企业的创新能力和竞争力。而非创新补贴则更多地关注企业的雇佣规模和劳动收入份额。基于此,政府在制定补贴政策时需要依据具体情况和预期目标进行差异化分析,针对不同类型的企业和不同的需求,政府可采取差异化的补贴方式。

第三,根据研究结论,在当前竞争激烈的市场环境中,企业要改变观念,从将社会保险视作成本转变到将其作为企业吸引并培育高质量人力资本的长期战略投资,进而驱动企业价值的显著提升。此外,政府相关职能部门应当审慎考量合理的社会保险缴费比率,并加大规范企业缴费行为的监管与引导力度。针对当前存在的不规范缴费现象,行政部门应加大监管力度,确保政策、法规的及时传达与落实,提升企业对社会保险重要性的认识。在养老保险缴费政策调整上,政府应充分考虑地域差异,如经济水平、基础设施条件及税收征管等因素,建议政府针对不同地区的实际情况与征收特点,灵活制定差异化的缴费政策,可对经济欠发达地区实施更为宽松的缴费政策,对征管薄弱区域加强政策指导。此外,对于非国有企业、创新导向的中小企业及劳动密集型企业,提高社会保险投入水平能有效激发其创新潜能。而这类企业经常面临资金紧张或融资难题,政府可以通过提供财政补助、设计差异化的激励机制等,优化它们的营商环境,确保社会保险投入的持续性与有效性,从而为企业创新活动注入持久动力。

第四,本书的研究结论证明了党组织在推动企业创新进程中能发挥积极的影响。党组织建设不仅是维护员工合法权益的有效手段,更是促使企业在创新上取得突破的有力保障。特别是在我国经济迈入"新常态"的转型关键期，加强企业层面党组织建设，不仅能够营造一个和谐共荣、积极向上的企业文化氛围，还可以从深层次上为企业治理提供坚实的支撑，其战略意义不言自明。推进党组织参与企业治理，是提高员工权益保护和劳动力保护的有力措施。本书的研究结论证明，在企业中加强党的建设会提高员工权益保护，包括给员工缴纳更高的社保、增加人力资本积累、降低企业内部收入不平等程度等。因此，在目前中国劳动力保护、员工权益保护法律制度还不够完善的环境下，在企业中加强党的建设不失为一种重要的补充手段。但在党组织建设的具体实施过程中，需要因地制宜，党的建设需要关注企业自身特征以及所处环境的差异，除了企业的控制权类型、员工信任程度以外，企业所属行业特征、所处地区经济发展水平也是推进党组织建设时应考虑的重要因素。

第二节　研究目标、研究内容和技术路线

一、研究目标

本书以外部产业政策（政府补贴）的制定和内部政策的执行（党组织参与公司治理）为视角，研究我国政府关于劳动保护与就业的相关政策（社保缴费）如何赋能企业高质量发展，以深入剖析政策赋能企业行为的方式和路径，建立理论分析框架，实证检验其影响结果，探讨政策赋能的激励效应。最后，根据研究结论和我国企业的实际情况，提出符合中国企业发展的相关政策建议。

二、研究内容

本书研究的是以企业外部的产业政策（政府补贴）和内部政策实施（党组织参与公司治理）为代表的政策赋能两个层面的因素对劳动力保护和企业行为的影响。具体章节安排如下：

第一章为绪论，概述本书的主体框架。首先，基于当前学术研究背景，提出本书探讨的核心问题，并分析其研究意义与价值。其次，界定本书旨在达成的目标、研究思路以及具体的研究内容。最后，介绍本书采用的主要研究方法以及创新之处。

第二章为理论基础与文献回顾，对现有研究成果进行系统性梳理与分析。第一节从理论层面出发，对产业政策、政治制度等理论进行简要回顾。鉴于本书聚焦于政府补贴与党组织参与治理两方面进行研究，第二节对政府产业政策、劳动保护、党组织与企业行为、创新影响因素四个方面的研究现状进行了综述。

第三章为我国劳动保护的制度背景与理论分析，回顾我国产业政策、劳动保护的制度背景，并对党组织参与公司治理的历史沿革进行阶段性梳理和总结。本章还对政策赋能、劳动保护与企业高质量创新发展的逻辑关系进行了梳理，分析了外部产业政策（如政府补贴）、劳动保护制度（如社会保险法）等政策赋能企业高质量发展的影响效果。

第四章为政府补贴与劳动保护的实证检验，以2013—2022年沪深A股上市公司年度数据，检验政府补贴对企业劳动就业与保护的影响。研究结果显示，政府补贴能显著推动企业增加就业机会，提高企业高技能和高学历人才占比和劳动收入份额，且这种影响在税收征管力度小、劳动力市场供给充裕的地区，盈利能力强、劳动雇佣需求大的企业中更为显著。进一步讨论还发现，政府补贴改善了企业的经营状况，促进了企业创新，但也扩大了企业高管与普通员工的薪酬差距。

第五章为党组织治理、劳动保护与企业创新的实证检验，将研究视角从企业外部政策制定层面转移到企业内部政策实施保障层面，探讨企业内部党组织作为政策和制度保障，对员工权益保护以及创新的影响。实证研究发现，企业中的党组织会通过提高员工社保投入水平、增加人力资本积累、降低内部收入不平等程度来促进企业创新。这一作用在非管制行业、央企、经济发达地区以及经济增长迅速、员工信任程度高的企业中较为显著，且当党委书记由高管兼任时，这一影响更为显著。

第六章为社保投入与公司创新的实证检验，进一步深入探讨劳动保护政策对企业高质量创新的影响效果。本章以社会保险缴纳为切入点，检验企业的社保投入水平如何影响企业创新绩效。研究发现，社会保险投入水平的提高可对企业创新绩效发挥一定的积极作用，社会保险投入有助于企业高质量人力资本积累，最终提升企业创新绩效。同时，随着社会保险征缴职责全面转移至税务部门，在那些税收征管力度较大的地区，社会保险投入对企业创新绩效的影响更为显著。进一步的分析显示，在非公有制企业、创业板与科创板上市的企业以及劳动密集型企业，社会保险投入对企业创新的正向影响较为明显。

第七章为理论基础与文献回顾，旨在系统性地回顾并提炼前文研究成果，对后续研究工作的开展做出规划与展望。

三、逻辑框架

依据研究目标，本书主要分为7个章节，逻辑框架如图1.2所示。

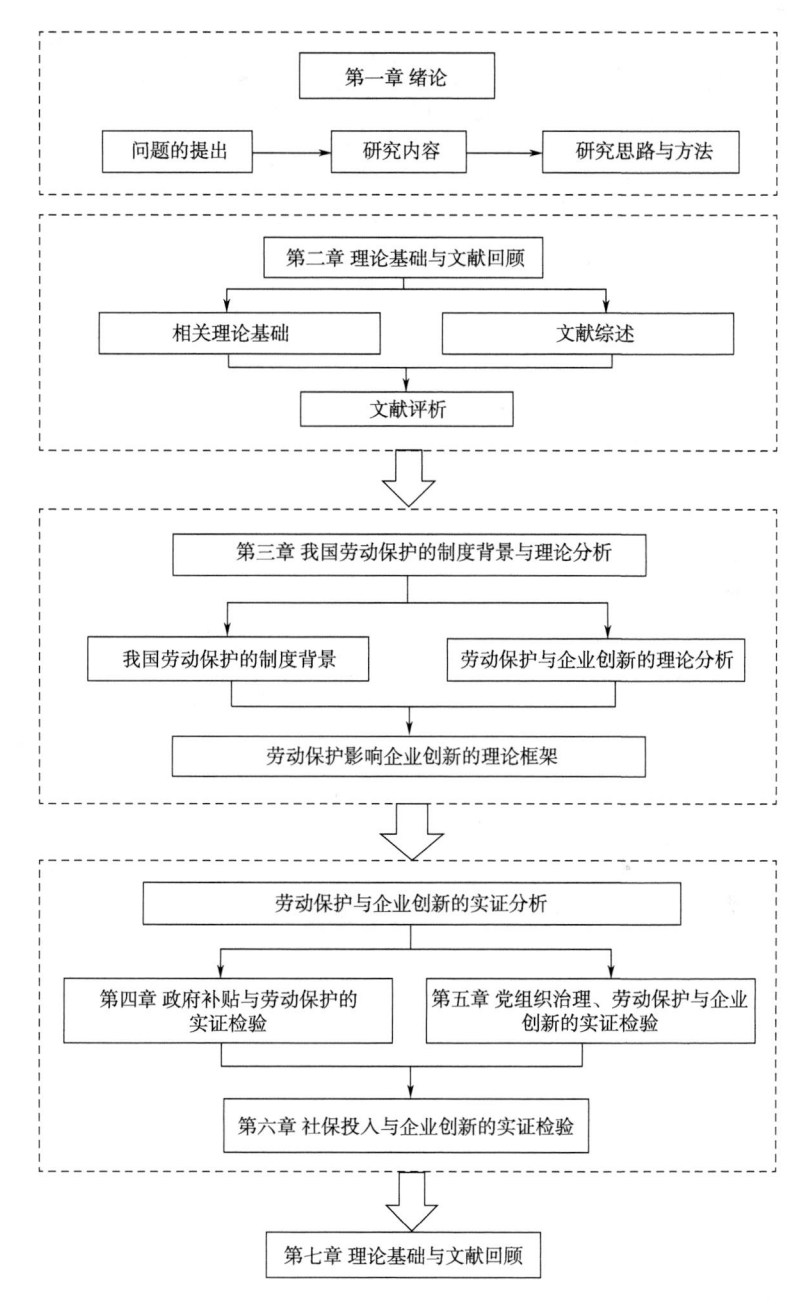

```
┌─────────────────────────────────────────────────┐
│                  第一章 绪论                     │
│     ┌────────┐   ┌────────┐   ┌──────────────┐  │
│     │问题的提出│→ │研究内容 │→ │研究思路与方法 │  │
│     └────────┘   └────────┘   └──────────────┘  │
└─────────────────────────────────────────────────┘

┌─────────────────────────────────────────────────┐
│          第二章 理论基础与文献回顾               │
│     ┌──────────┐           ┌──────────┐         │
│     │相关理论基础│           │ 文献综述 │         │
│     └──────────┘           └──────────┘         │
│                  ┌────────┐                     │
│                  │文献评析 │                     │
│                  └────────┘                     │
└─────────────────────────────────────────────────┘

┌─────────────────────────────────────────────────┐
│      第三章 我国劳动保护的制度背景与理论分析    │
│   ┌──────────────┐      ┌──────────────────┐   │
│   │我国劳动保护的 │      │劳动保护与企业创新 │   │
│   │  制度背景    │      │   的理论分析      │   │
│   └──────────────┘      └──────────────────┘   │
│         ┌──────────────────────────┐            │
│         │劳动保护影响企业创新的理论框架│            │
│         └──────────────────────────┘            │
└─────────────────────────────────────────────────┘

┌─────────────────────────────────────────────────┐
│         劳动保护与企业创新的实证分析             │
│  ┌──────────────┐      ┌────────────────────┐  │
│  │第四章 政府补贴│      │第五章 党组织治理、  │  │
│  │与劳动保护的   │      │劳动保护与企业       │  │
│  │  实证检验    │      │  创新的实证检验    │  │
│  └──────────────┘      └────────────────────┘  │
│    ┌──────────────────────────────────┐         │
│    │第六章 社保投入与企业创新的实证检验│         │
│    └──────────────────────────────────┘         │
└─────────────────────────────────────────────────┘

         ┌──────────────────────────┐
         │第七章 理论基础与文献回顾  │
         └──────────────────────────┘
```

图 1.2　逻辑框架

资料来源：笔者整理。

四、技术路线

本书的技术路线如图 1.3 所示。

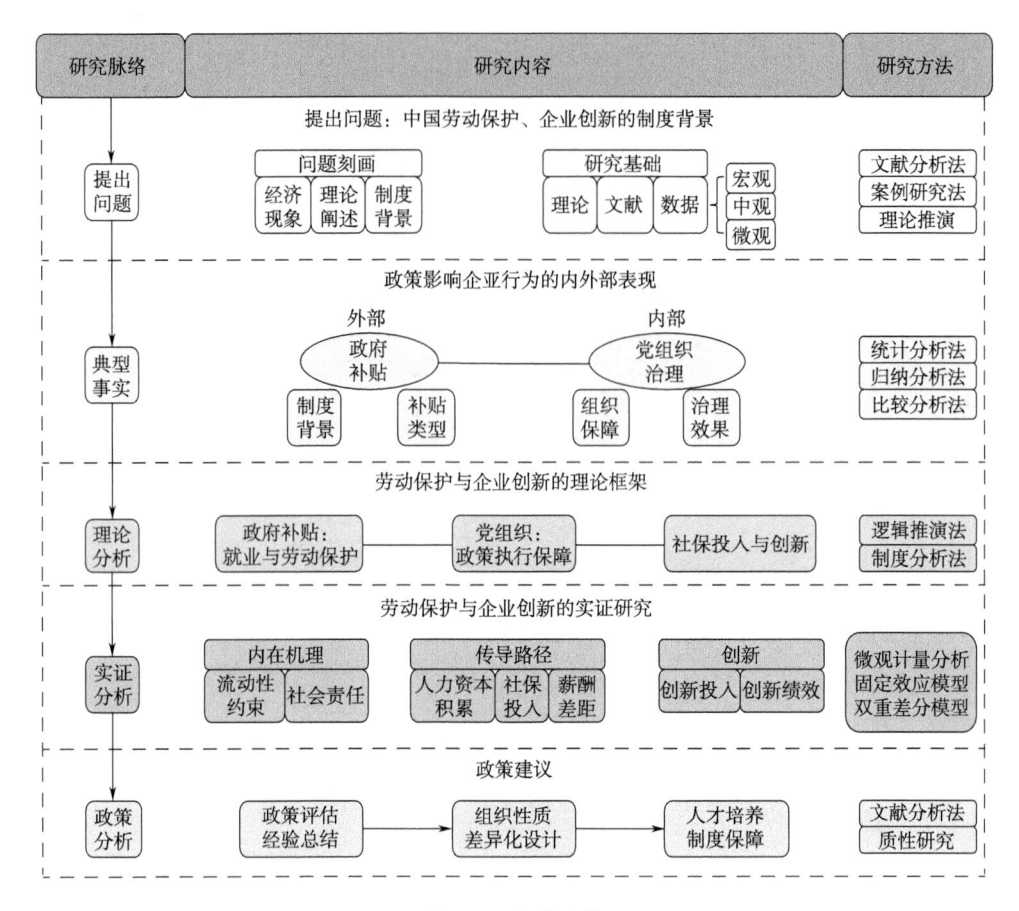

图 1.3　技术路线

资料来源：笔者整理。

第三节　研究方法与创新点

一、主要的研究方法

本书以企业外部的政府补贴和内部党组织代表政策赋能的两个层面，并以此为研究对象，综合运用了文献计量法、实证研究方法以及对比分析等方法，对政策赋能的作用路径及其影响效果进行了系统的理论探讨和实证验证。

（一）文献计量法

本书在国内外政策制度研究成果综述部分采用了文献计量与知识图谱研究法，基于 CiteSpace 文献计量软件，详细地对近 20 年国内外政策制度影响研究的结构网络及研究过程进行了可视化呈现。

（二）实证研究方法

本书在政策赋能劳动保护的效应分析和政策赋能企业高质量创新发展的效应分析中采用了大样本数据回归分析的方法。利用 A 股上市公司的面板数据，采用统计描述、OLS 回归、Logit 回归、PSM、2SLS、DID 等分析方法，对演绎出的变量之间的关系进行了实证分析，检验由规范分析推导出的一系列假设。

二、本书的创新点

相对于已有研究，本书可能的创新点包括：

（一）研究视角创新

本书结合中国的发展实情和特色，以"政策赋能企业行为"为立足点，提炼出政策赋能、劳动保护与企业高质量创新发展的逻辑框架，并全面深入地探讨了政策赋能、劳动保护、企业创新三者之间的逻辑关系和影响效应。这一独特的研究视角可为系统评价政策赋能、劳动保护的潜在特征和多重影响提供理论启示。

（二）研究内容创新

首先，本书补充了以政府补贴为代表的产业政策赋能企业劳动保护的研究内容，深入剖析了政府补贴及其类型对企业劳动就业影响的内在机制与政策效果，为当前研究贡献了新的见解与有益补充；同时，基于企业劳动权益保护维度，系统地评价了政府补贴在微观经济层面的效应。其次，本书拓展了企业员工权益保护、人力资本积累影响因素的相关研究，为丰富关于中国雇主遵守劳动合同和社会保险法的文献做出了贡献。此外，本书还从社会保险投入、人力资本积累、员工收入不平等的角度，探讨了中国国有企业中党组织参与公司治理对企业员工权益保护的影响。

（三）研究方法创新

本书融合了文献计量、回归分析等多种前沿研究方法，通过将规范分析和实证分析结合，整合定性分析和定量分析的方式进行研究设计，最大限度地确保了研究成果的规范性和科学性。

（四）政策建议的视角创新

本书从"政策赋能企业高质量发展"的视角出发，针对具体的研究结论提出了适用性较强的政策建议。通过扩展研究政府补贴、社会保险法等政策制度在促进企业劳动保护（劳动就业、人力资本结构、劳动收入份额、薪酬差异、社保缴费等）方面发挥的作用，深入探讨相关政策赋能企业高质量创新发展的效果。这对政府制定科学有效的收入分配政策和"稳就业"政策具有重要参考价值，同时有助于充分激发劳动者的积极性和创造力。

本章小结

本章系统地阐述了本书的研究背景与研究意义，确立了具体的研究目的与核心问题，旨在通过科学的研究方法和严谨的实证设计，为解决问题提供新的视角和观点。同时，本章还介绍了本书的主要研究内容、采用的研究方法以及整体结构安排。最后，本章强调了本书的预期贡献和创新点，为后续的深入研究奠定了坚实的基础。

第二章 理论基础与文献回顾

在理清研究内容与研究思路的基础上，本章将对国内外现有研究文献进行综述和评述，其中关注的重点主要为政策制度、劳动保护以及创新相关的理论基础和研究现状。首先，从政府与市场关系的相关理论出发，对市场失灵理论、技术创新理论、外部性理论、人力资本理论以及竞争优势理论进行论述；其次，就政策效应研究、劳动保护、党组织与公司治理、创新影响因素四个方面的国内外相关文献进行回顾，并对当前已有文献资料进行深入分析和评价，为后续阶段的理论分析与实证研究奠定基础，确保分析过程的严谨性与创新性。

第一节 相关理论基础

一、政府与市场关系理论

一直以来，理论界始终围绕政府与市场的分工、政府在经济活动中扮演的角色等问题进行研究。而现实当中，信息的不完善是普遍存在的，因而市场的作用受到了极大限制，凯恩斯主义的"政府干预理论"认为，在外部效应、公共产品供应及市场垄断等情况中，常会出现"市场失灵"的现象。鉴于此，政府应当采取必要且适度的干预措施，以修复并纠正市场功能的偏离。这不仅是市场经济体制内在逻辑的必然体现，也是推动其健康、有序发展的根本要求与趋势所向。

从理论上分析，所有对经济主体选择产生影响的政治行为都可以被归类为政府干预。政府干预理论与重商主义经济学说之间存在深厚的渊源与传承关系，其中，凯恩斯主义以国家干预为基础建立了理论框架，使经济干预理论成为现代西方经济学的主流思想。但 1970 年以后，政府干预理论的有效性成为广受争议的焦点，传统凯恩斯主义理论受到了质疑，其有效性及适用性也遭到了挑战。在此背景下，研究焦点逐渐转向探讨政府失灵、政策无效等问题，自由市场理念再度兴起，强调市场机制作为资源配置基础性力量的观点重新获得广泛认同。但是这种经济自由政策仅仅持续到 20 世纪 90 年代初，随着经济衰退的再次出现，政府干预理论又开始盛行。均衡发展理论中的大推动理论、两缺口模型以及二元结构理论等提供了政府干预理论的基础。市场经济的主体也由企业、市场的二元博弈演变成了企业、市场与政府之间的三足鼎立。

中国经济过去40多年取得的发展成果与政府密切相关。1978年中国实行的改革开放体现了地方分权特征，极大地激励了地方政府促进地区经济快速发展的积极性，同时加大了市场的竞争及地区间的竞争，地方性国有企业在很大程度上成了地方政府实施经济调控的核心载体。出于推动区域经济繁荣与增进地方经济福祉的考量，地方政府具备动机与能力去主动优化制度环境、培育市场机制、积极争取各类资源，为本土企业的创立与成长创造有利条件，提供必要的资源支持与政策优惠，进而促进地方经济结构的优化与升级。布兰查德和施莱弗（Blanchard and Shleifer, 2000）针对自1989年起中国与俄罗斯两国的经济增长轨迹进行了详尽的对比，发现中国之所以能实现显著的经济增长，核心要素可归因于政府层面所展现出的积极干预与大力扶持策略，揭示了政府在推动国家经济繁荣中发挥的关键作用。

二、市场失灵理论

依据古典自由主义经济学，市场运作受到一只隐形的市场之手精妙调控，旨在引导资源流向，从而最优地实现社会整体福祉。但是到20世纪20年代末的美国经济大衰退，使人们意识到了古典经济学理论的不足之处。尽管市场被视为资源有效配置的重要机制，但在特定情况下可能发生失灵现象。市场失灵会引起就业率低、社会不稳定等问题。因此，经济调控不能仅依赖市场机制的自发作用，政府需要采取适时且有针对性的干预措施。在此过程中，政府应积极承担起引导者与保障者的双重责任，确保经济体系的稳定运行。

凯恩斯1936年出版的《就业、利息和货币通论》，在综合自亚当·斯密以来经济学理论的基础上，针对当时的经济困境展开了深入剖析，倡导国家干预主义。他在该书中指出，"无形之手"虽在资源配置中扮演角色，但其运作常显露出显著的局限性与盲目性，亟须政府作为"有形之手"介入，通过经济政策的干预来达成充分就业与经济增长的目标，进而纠正市场机制的潜在失灵。纯粹的自由放任经济模式易导致市场秩序的混乱与非理性波动，不利于经济持续健康发展。相反，适时且适度的政府干预能够引导市场回归理性轨道，促进经济体系的稳定与繁荣。在其政府干预理论中，凯恩斯不仅深入剖析了19世纪末至20世纪初政府管制制度的演变，更为20世纪40年代以后发达国家推行政府管制制度奠定了理论基础。

三、技术创新理论

技术创新理论作为经济学和管理学领域的一个关键概念，其主要研究目标在于探讨如何通过技术创新来促进经济的发展和社会的进步。该理论于20世纪初在《经济发展理论》中由约瑟夫·熊彼特（Joseph Schumpeter）系统提出，形成了一套较为成熟的框架和观点。本部分将基于现有的理论和研究，对技术创新理论进行学术理解。

技术创新理论的精髓在于剖析创新如何成为驱动经济发展的核心动力。约瑟夫·熊彼特以全新视角看待技术创新，将其阐释为生产要素与生产条件之间前所未有的创造性融合。他强调创新的范畴远不止于单纯的技术飞跃，同时也包括企业家对生产要素的创新配置，这些新的组合可以带来超额收益。这一定义强调了技术创新与经济发展的密切关系，以及企业家在其中扮演的关键角色。

莫尔顿·卡曼与南赛·施瓦茨的深入探究，对技术创新的决定要素进行了多维度的丰富拓展，涵盖了市场竞争激烈程度等因素。这说明技术创新的产生不仅依赖于技术本身的改进，也受到市场竞争环境的制约，企业需要通过技术创新来实现成本降低、产品质量提升和经济效益增加，进而维持竞争优势。

此外，技术创新理论还涉及创新的不同类型，如原始创新和应用创新，以及它们对企业和经济的影响。原始创新是指原始的技术突破；而应用创新则是指将新技术应用到现有产业中，以创造新的产品和服务。这两种类型的创新都是推动经济发展的重要力量，但其影响力和实现方式可能有所不同。

需要强调的是，技术创新理论所关注的焦点不仅在于单个企业的创新，它同时也强调国家层面的技术创新体系建设。习近平总书记指出的科技创新的战略地位和价值立场，强调了科技创新对于实现高质量发展的重要性。这表明，技术创新理论不仅是经济学研究的对象，也是政策制定者推动国家创新发展的重要工具。

总之，技术创新是一个复杂而多维的概念，涵盖了基础理论的探讨到具体实践的操作。通过深入分析和理解技术创新理论，我们可以更好地认识到技术创新在推动经济社会发展中的作用，以及如何有效地促进创新活动的发生。未来科技的发展和市场的变化将继续推动技术创新理论的演进与发展，为新时代经济发展提供新的战略思维。

四、外部性理论

1890年，经济学家阿尔弗雷德·马歇尔（Alfred Marshall）在其著作《经济学原理》中引入"外部性"这一概念，随后经由学术界的广泛探讨与深化，逐步演变为外部性理论。具体而言，若一类人的行为对旁观者带来了额外利益，则称之为"正外部性"；反之，若造成损害，则归为"负外部性"（Mankiw，2006）。外部性现象广泛渗透于社会生活的各个领域，事实上，早在外部性理论正式成形之前，约翰·斯图亚特·密尔（Mill，1848）便提出"灯塔效应"这一经典外部性例子。建造灯塔的人是为了个人的利益提供服务，但是灯塔一旦建成，享受这种服务的便不只是建造者个人，所有路过的船只不需要给建造者支付费用即可享受服务。这时就需要政府强制性征税，以对建造灯塔的人给予补偿，或者直接由政府来建造、维护灯塔，确保航行的安全。

一般情况下，政府管制更多地针对负外部性问题，因为负外部性会损害他人的利益却无须赔偿，由此会使得一些人为追求自己的利益而损害他人或公众利益。最具代表性的负外部性案例就是"公地悲剧"（Hardin, 1968）。公地作为公共资源，会导致资源被过度利用而最终耗尽。类似的现象层出不穷，如被过度砍伐的森林、被滥捕滥捞的渔业资源以及受严重污染的河流等。

与此同时，正外部性活动并不是不需要政府的干预，因为有些正外部性虽然有利于他人（如上面提到的"灯塔效应"的例子），但也需要政府进行调节和管制。比如，政府直接承担某些公共资源的成本，建造灯塔、植树造林、美化环境，或者强制性地对路过的船只进行收费、规定住宅小区的绿化面积等，以解决外部性问题。

综上所述，政府在外部性治理中扮演着不可或缺的调节者与保障者角色，无论是纠正负外部性还是促进正外部性，都需要政府凭借智慧与力量精准施策。

五、人力资本理论

20世纪60年代，舒尔茨（Theodore W. Schultz）与贝克尔（Gary S. Becker）共同提出了人力资本理论，为深入剖析经济增长的核心驱动力开辟了全新视野。其核心理念认为，人力资本在推动经济增长过程中所扮演角色的重要性显著超越了传统意义上的物质资本。具体而言，人力资本不仅涵盖了个人所拥有的知识、专业技能以及身体状况等非物质资本，还涵盖了通过系统化教育、专业培训等多种途径所获得的并不断提升的能力。

人力资本主要由知识、技能和健康（体力）组成。这些要素共同作用于个人，提升其在劳动力市场上的价值。知识和技能是其中最核心的部分，它们决定了一个人的学习能力和解决问题的能力，从而影响其职业发展前景和收入水平。

人力资本的积累是经济增长的重要动力。物质资本的增长相对缓慢且容易被耗尽，而通过人力资本的积累，可以实现长期的经济增长。此外，人力资本理论还指出了人力资本在提高企业劳动生产率、促进创新和改善经济结构上的关键作用。

尽管人力资本理论提出至今已经超过半个世纪，但它仍然对现代经济学研究和政策制定有着深刻的影响。例如，政府和企业越来越重视员工的培训和发展计划，以此提高整体的生产率和社会的竞争力。然而，人力资本理论也面临着一些批评和挑战。有研究表明，尽管人力资本的投资能够带来短期内的收益，但是长期来看，这种投资可能会导致过度依赖某些特定技能或知识，从而增加未来的不确定性。另外，人力资本理论的普及和推广也需要考虑不同地区和群体之间的不平等问题，以及如何确保所有人都能获得必要的人力资本。

总的来说，随着社会经济的发展和知识经济的兴起，人力资本理论将继续得到丰富和扩展，为全球经济发展和政策制定提供重要的理论支持。尽管面临一些争议和挑战，但人力资本理论无疑提供了一个宝贵的工具，帮助人们更好地理解和利用人类的生产能力来推动经济增长和社会进步。

六、竞争优势理论

竞争优势理论在管理学领域占据着核心地位，它不仅是理解企业在竞争激烈的市场中如何获得和维持优势的关键，对于指导企业战略制定和实施也具有深远的影响。本部分旨在深入探讨竞争优势理论的基本概念、发展历程、主要模型及其应用，以及当前的研究趋势和未来的发展方向。

波特通过对产业环境中的五大竞争力量（外部竞争力量）和三种通用战略（内部优势策略）进行深入分析，提出了钻石模型，认为企业的竞争优势源于其能够识别和保持这些外部竞争力量和内部优势。波特的钻石模型被视为竞争优势理论的基础。然而，随着研究的深入，学术界相继发展出多种模型，以更为精细地探讨竞争优势的来源。例如，由巴尼（Jay B. Barney）在1991年提出的VRIO模型，包括价值（Value）、稀缺性（Rarity）、不可模仿性（Inimitability）和组织（Organization）四个维度，提供了一种从资源角度分析企业竞争优势的框架。

近年来，关于竞争优势理论的演进呈现出单一视角向多视角整合的趋势。一方面，学者们开始关注竞争优势的内生性问题，即除了市场结构、市场机会等外部条件外，企业内部的资源和能力也是产生竞争优势的重要因素。另外，有研究通过整合不同的理论，构建起更为全面的分析框架，如基于创新视角的整合框架，试图揭示企业竞争优势的多样性和复杂性。

波特的竞争优势理论已被广泛采纳为企业在战略规划与执行过程中的指导原则，通过深入分析行业环境和市场竞争态势，企业可以制定有效的竞争策略，从而在市场中获得优势。此外，一些学者还通过分析具体的企业案例，探讨如何基于波特的理论来提升企业的竞争优势。

尽管竞争优势理论已取得了显著进展，但仍有许多领域有待探索。未来的学术研究或将更聚焦于竞争优势的动态性质，着力探讨企业如何在瞬息万变的外部条件下持续稳固并拓展其竞争优势。同时，随着大数据、人工智能等技术的广泛应用，企业需要不断创新和适应新的竞争环境，以保持其竞争优势。

综上所述，竞争优势理论在解释企业如何在纷繁复杂的市场中存续与繁荣的核心机制方面具有重要意义。通过对现有模型的进一步发展和整合，并结合实际案例研究，我们可以为企业在全球经济中的成功提供更丰富的理论支持和实践指导。

第二节 文献综述

一、政府补贴的相关研究

在经济转型的大背景下,政府补贴对于推动经济持续增长的作用不可或缺。在中国市场经济的转型历程中,政府权力的配置格局经历了显著的转变,由原先的集中控制逐步向更为分散及灵活演进,这激发了各级地方政府促进本区域经济高质量发展的动力。同时,由于我国政府的考核体系不仅包括经济实力的提升,还会涉及就业率、公共产品服务等社会发展方面的指标,政府同样面临"社会业绩"的压力。政府希望通过不同途径推动地区经济发展、提高社会福利水平,因此政府补助在此过程中被广泛使用。特别是在 2007 年国际金融危机爆发后,中国政府出台了一系列经济刺激政策以实现"促投资、保增长"的目标,企业获得的政府补助显著增加(李刚等,2017)。而市场与政府之间的动态交互作用,长久以来一直是学术界深入探究的核心议题之一。法玛(Fama,1970)所构建的有效市场假说,为阐释市场机制运作效能的内在逻辑构筑了坚实的理论基石。而斯蒂格利茨(Stiglitz,1993)则详细列举了七大主要市场失灵现象,进一步揭示了市场机制并非完美无瑕。此外,豪斯曼和罗德里克(Hausmann and Rodrik,2003)的研究也强调了市场的局限性,指出市场并非总能自我调节至最优状态,强调了政府干预的潜在必要性。

在自由放任的经济市场环境下,投资过度与投资不足的现象屡见不鲜,这些现象为政府干预经济提供了合理性和必要性。厉以宁(1992)曾建议采用以市场为主导的经济调节方式。陈云贤(2019)则在此基础上,深入剖析了中国特色社会主义市场经济的独特发展路径,该路径根植于有为政府与高效市场之间深度融合基础之上。与此同时,王佳菲(2016)的研究指出,在全面深化改革的大背景下,政府与市场关系的重构已成为经济体制改革的核心议题。进一步地,关于我国经济波动的成因,有研究表明,地方政府在其中扮演了重要角色,其影响约占总体波动的 30%,体现出地方政府在驱动区域经济增长过程中不可忽视的影响力(Xu,2011)。作为地方政府介入市场经济活动的关键策略,产业政策在推动地区产业结构的优化与升级中扮演了不可或缺的角色(韩永辉等,2017)。这一角色的实现,源于那些受到产业政策倾斜的行业,通常能够凭借政策的导向优势,获得更为充裕且多元化的资源扶持,如土地使用权(张莉等,2017;杨继东和罗路宝,2018)、信贷资金(何熙琼等,2016)、税收减免(黎文靖和郑曼妮,2016)以及政府财政补贴(杨兴全等,2018)等,进而在市场竞争中占据有利地位。

在国内外的研究中,关于政府补助政策的文献丰富,学者们常将其称为"政府补贴"、"财政补贴"或"财政补助"。庇古的《福利经济学》奠定了西方理论界对政府补贴研究的基础,他认为在完全竞争的市场中,尽管社会资源在理想状态下能实现最优配置,但实践中常因受多种因素制约而难以达成社会福利最大化。因此,政府有必要介入市场主导的收入分配机制中,以矫正潜在的不均衡现象(王凤翔和陈柳钦,2006)。根据经济合作与发展组织(OECD)的定义,政府补助是指政府向企业提供的直接或间接的财政支持,包括补助、低息贷款、税收减免和税收优惠;相比之下,欧盟国家和欧洲委员会采用的概念更为宽泛,将政府补助定义为政府向受益者提供的任何经济利益,包括直接补助、税收减免、税收递延、软贷款和借款担保(王蓉,2011)。在中国,政府补助包括企业获得的政府提供的货币性和非货币性资产,具体包括财政拨款、财政贴息、税收返还等。

针对国内的相关研究,本书分析了2012—2023年国内具有较高学术声誉的管理学和经济学期刊,基于CiteSpace软件探索研究动态。根据图2.1和表2.1,相关研究主要包括研发投入、产业政策、企业绩效、企业规模、融资约束、企业创新。根据图2.2的突现词来看,与技术创新相关的研究出现较早,最近的一些研究开始关注创新绩效和环境规制,成为近两年的研究热点。根据圆点面积和互动连线可以看出,研究以"政府补贴"为核心,而且与税收优惠、融资约束、企业创新、政治关联、产业政策等主题都有较强的互动关系。

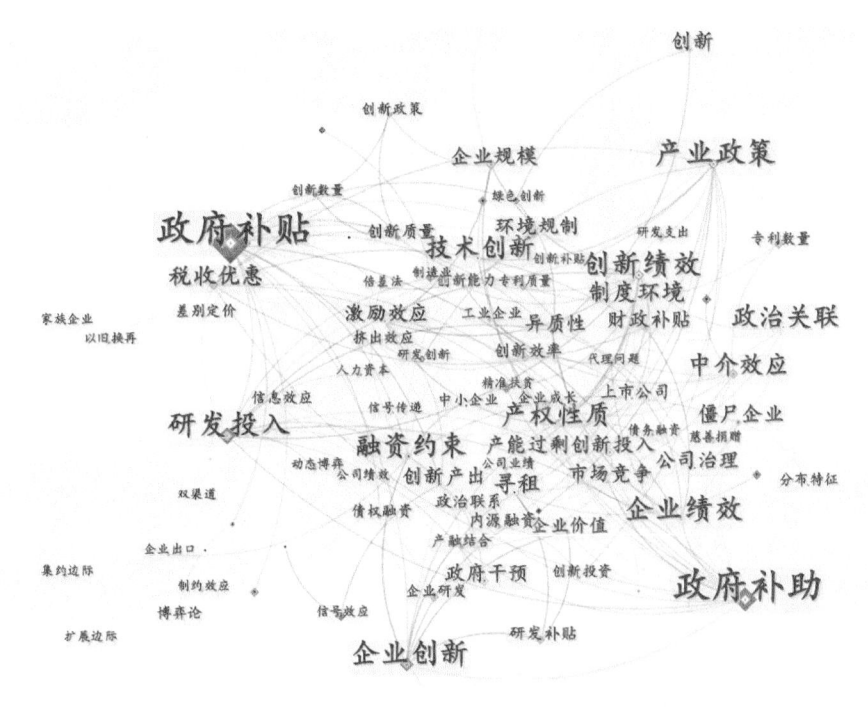

图 2.1 国内政府补贴相关研究关键词知识图谱

资料来源:笔者整理。

表 2.1 国内政府补贴相关论文关键词（部分）聚类列表

序号	数量	LLR 对数似然率标签名	关键词（部分）
#0	53	政府补贴	绿色供应链；公平偏好；成本共担型收益共享契约；动态博弈；闭环供应链；以旧换新；电子废弃物；回收处理
#1	31	政府补助	政府补助；冗余雇员；慈善捐赠；在职消费；从军经历；产权性质；会计信息质量；政治成本；会计稳健性；监管成本
#2	21	研发投入	研发投入；政府补助；税收优惠；高新技术企业；激励效应；创新效率；叠加效应；政府 R&D 补贴；倾向得分匹配
#3	21	产业政策	产业政策；中国制造 2025；转型升级；调整成本；政府补贴；技术创新；数字经济；行业准入制度
#4	20	企业绩效	企业绩效；政府补贴；八项规定；环境规制；负向盈余管理；政治关联；政府补助；财政分权；价值链持续时间；审计质量
#5	19	企业规模	创新绩效；政府补贴；企业经验；地区差异；所有制差异；政府研发补贴；创新政策；创新质量；创新数量；门槛效应
#6	18	融资约束	融资约束；政府偏袒；撤县设区；政治关联；资源效应；政府干预；中小企业；金融摩擦；产能过剩；制约效应
#7	17	企业创新	企业创新；政府补助；交互作用；信号传递效应；投资决策；产业政策；政策协同；企业金融化；脱实向虚；绿色金融发展
#8	12	中介效应	中介效应；工业企业；政府研发补贴；企业创新产出；企业研发投入；出口国内附加值；资源配置；创新崇拜；专利泡沫
#9	11	创新	正向关系；中国情景；倒"U"形关系理论假说；华侨华人；海洋文化；绿色创新

资料来源：笔者整理。

政府补助一直以来都是政府实施宏观经济调控的重要工具，是中国学者研究的热点话题。然而，关于政府补助的经济后果，学术界尚未形成一致的结论。政府补贴是指政府直接或间接向微观经济个体提供的金钱或其他形式的支持和资助的一种经济手段，目的在于通过给予企业资金支持来影响其发展方向与前景（唐清泉和罗党论，2007）。

对政府补贴经济后果进行的研究，主要聚焦在企业绩效、企业融资、会计稳健性、薪酬激励等多个方面。政府通过实施投资补助或税收减免优惠，对企业的资本扩张产生积极影响，具体表现为提升企业的债务清偿能力（邹彩芬等，2006）。政府为当地企业提供上市资格、减免税负、财政补贴等，可以明显改善

Keywords	Year	Strength	Begin	End	2012—2023年
技术创新	2013	2.38	2013	2015	
博弈论	2013	1.88	2013	2015	
上市公司	2013	1.84	2013	2014	
融资约束	2015	1.79	2015	2017	
政治关联	2012	1.56	2015	2018	
企业成长	2016	1.75	2016	2018	
市场竞争	2014	1.65	2016	2017	
僵尸企业	2016	1.36	2016	2019	
中介效应	2015	2.03	2018	2019	
税收优惠	2015	3.89	2019	2020	
创新绩效	2013	2.66	2019	2023	
环境规制	2017	2.46	2019	2023	
财政补贴	2015	2.4	2019	2021	
创新质量	2019	1.59	2019	2021	
绿色创新	2020	2.21	2020	2021	

图 2.2　国内政府补贴相关论文关键词突现词情况

资料来源：笔者整理。

公司业绩（Aharony et al.，2000；潘越等，2009）。此外，政府补助能够有效纾解企业的资金紧张状况，为企业生产运营活动的稳定发展提供有力保障。根据帕巴斯等（Pappas et al.，2017）的研究，获得政府补贴的公司会更积极地平滑其收入，进一步表明政府补贴对企业经营产生积极影响。从资本注入的维度审视，政府通过为企业研发创新活动提供补贴的形式为企业注入了资金活力，不仅有效减轻了企业的研发负担，降低了研发成本，还极大地激发了企业的积极性。同时，这种补贴机制也有助于缓解企业的融资压力，降低融资成本，提升企业的整体运营效率与经济效益（欧定余和魏聪，2016）。与此同时，政府补贴通常在严谨评估企业经营状况后进行，作为一种信号传导机制，有效减少了外部投资者与企业内部间的信息不对称，不仅释放出企业经营的正向信号（Takalo and Tanayama，2010），还可吸引更多投资者的关注，降低企业寻求外部融资的门槛，缓解其融资困境。然而，政府补助的实施也可能对企业的财务状况产生一定的负面影响，特别是在那些负债率较高、同时展现出成长性的国有企业中，政府补助作为宏观调控手段，削弱了该类企业会计信息的稳健性。此外，控股股东也有可能利用政府补助作为手段暂时提升企业的盈余表现，但这一行为却牺牲了企业盈余质量（张继袖和陆宇建，2007）。政府通过发放人才培养补贴、亏损补贴、专项技术奖励等方式，在一定程度上保护了生产效率较低的企业群体（韩剑和郑秋玲，2014）。这也意味着政府资金的发放可以适当降低企业劳动力成本，提高企业员工薪酬水平（王晓君和付文林，2020）。员工是创造企业价值的核心，其工作努力程度和技能熟练程度直接影响生产效率，并体现在薪酬增长幅度上（Aghion and Howitt，1992）。因此，政府的补贴措施有助于提升企业员工薪酬水平，同时促进生产效率的提升。

近年来，关于政府补贴动机的研究主要聚焦在其对企业创新、研发投入、绿色发展和数字化转型等方面的影响上。政府补贴一直是许多国家用以缓解企业创新动力不足问题的有效政策工具（叶阳平和马文聪，2023）。例如，赵凯和徐圣翔（2023）的研究表明，政府补贴是一项重要的激励企业创新的政策，具有促进创新和技术进步的作用，并且政府补贴在不同行业和地区的影响也不尽相同。刘满芝等（2022）指出，政府补贴有利于激励企业增加研发投资，尤其在东部沿海地区和非国有企业中。此外，政府补贴不仅对企业创新产生积极影响，还能激励企业承担社会责任，追求绿色发展。张铂晨和赵树宽（2022）的研究进一步指出，政府补贴政策是传统制造业向绿色生产模式转型的重要驱动力，适度的补贴能够提升我国重污染企业的绿色创新水平。政府补贴在促进高能耗企业绿色创新方面扮演了关键角色，并且这一作用在国有企业及中小企业样本中表现得尤为突出（Bai et al.，2019）。

在推动企业数字化转型过程中，政府补贴同样重要。陈和和黄依婷（2022）揭示了政府补贴的双重属性——资源性与信号性，在削减企业数字化转型的边际成本及风险共担方面有显著成效。张志元和马永凡（2023）的研究进一步揭示了政府补贴通过缓解企业面临的信息不对称问题、缓解融资压力，并强化产学研合作的协同效应，为企业的数字化转型注入动力。Yu等（2020）验证了政府补贴在促进数字化转型与企业绩效提升之间的积极调节作用。然而，樊自甫等（2022）的研究也指出，虽然政府补贴能够激励制造业企业推进数字化转型，但此影响在补贴达到一定阈值后才显著。

综上所述，政府补贴在促进企业在各个领域发展方面发挥着至关重要的引导作用。然而，对政府补贴政策的具体合理性和有效性仍需深入研究，以更好地指导实际政策的制定和执行。

二、劳动保护的相关研究

国内关于劳动保护的研究主要聚焦于劳动关系、盈余管理、劳动法、企业创新、农民工等主题（见图2.3和表2.2），且有着明显的学科属性。根据突现词的统计情况（见图2.4），女性就业、劳动权益、工会等问题的研究出现较早，创新、公司治理等问题持续较长时间，最近的一些研究开始关注最低工资制度、平台用工、融资约束以及数字经济，但研究相对较少。

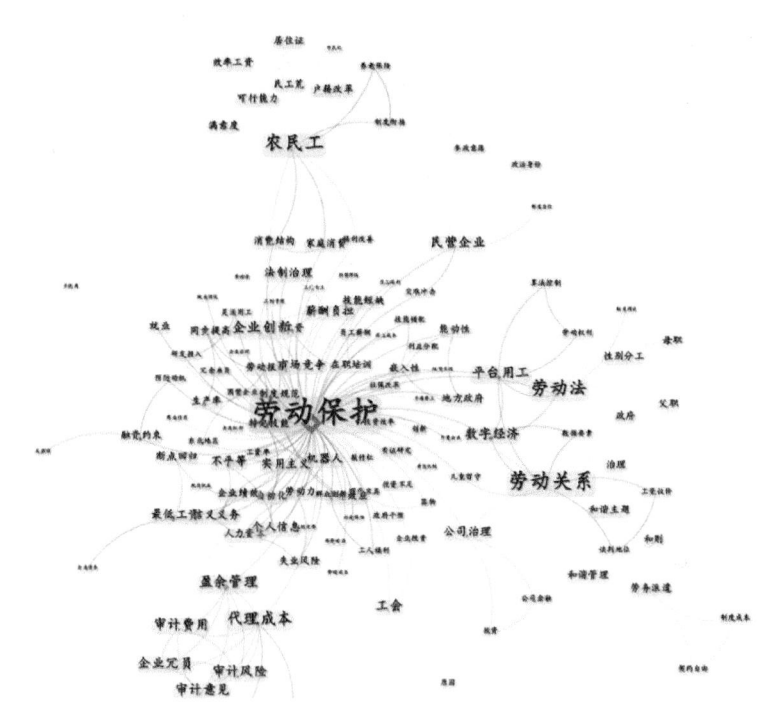

图 2.3　国内劳动保护相关研究关键词知识图谱

资料来源：笔者整理。

表 2.2　国内劳动保护相关论文关键词（部分）聚类列表

序号	数量	子聚类轮廓值	LLR 对数似然率标签名	关键词（部分）
#0	17	1	劳动保护	劳动合同法；市场化程度；政府干预；劳动密集度；投资效率；投资不足；东北地区；国营企业
#1	12	0.987	劳动关系	和谐主题；和谐管理；平台用工；新型职业伤害保障制度；数字经济
#2	6	0.986	农民工	可行能力；户籍改革；效率工资
#3	4	0.998	审计意见	政策性负担；企业冗员；审计费用；经营风险；代理成本；盈余管理；审计意见；审计风险
#4	4	0.991	边际劳动生产率	工会；劳动安全卫生；问题；原因；对策
#5	4	0.995	参政意愿	企业社会责任；民营企业；政治身份；参政意愿
#6	3	0.984	薪酬	企业创新；市场竞争；法制；薪酬负担
#7	3	0.992	不平等	企业绩效；最低工资；不平等；个人信息；实用主义

资料来源：笔者整理。

Keywords	Year	Strength	Begin	End	2014—2024年
女性就业	2014	1.05	2014	2015	
劳动权益	2014	0.9	2014	2016	
工会	2014	0.86	2014	2018	
女职工	2014	0.75	2014	2017	
农民工	2015	1.2	2015	2016	
劳动者	2015	1.09	2015	2016	
投资不足	2015	0.77	2015	2016	
劳动权	2015	0.77	2015	2018	
劳务派遣	2016	1.09	2016	2017	
创新	2017	0.99	2017	2020	
公司治理	2018	1.05	2018	2019	
代理成本	2019	0.93	2019	2022	
人工智能	2019	0.78	2019	2020	
最低工资	2021	1.14	2021	2024	
平台用工	2022	0.93	2022	2024	
融资约束	2022	0.8	2022	2024	
数字经济	2022	0.8	2022	2024	

图 2.4　国内劳动保护相关论文关键词突现词情况

资料来源：笔者整理。

具体到企业层面，我们分别从劳动就业、社保投入以及人力资本积累三个方面对相关文献进行回顾。

（一）劳动就业

随着经济体制改革不断深化与社会持续发展，我国就业问题日益突出。对现有文献的深入梳理表明，关于企业雇佣决策影响因素的研究方向主要集中在企业数字化转型、企业融资约束、人工智能发展和全球化等领域。

在当今数字经济蓬勃发展的背景下，企业数字化转型不仅是顺应时代潮流的必由之路，更为企业扩大雇佣规模和改善人力结构提供了一条具有巨大潜力的路径。这一过程不仅显著地驱动了企业雇佣策略的调整与升级（赵宸宇，2023），还在数字经济的新生态中扮演起扩大劳动力市场需求、激发就业活力的关键角色。与此同时，数字化转型对劳动力结构的优化作用亦不容忽视。石玉堂和王晓丹（2023）的研究表明，通过数字化转型，企业内高学历人才与高技能人才所占的比例实现了显著提升，为企业的可持续发展奠定了坚实的人才基础，有助于企业更好地适应数字化时代的工作要求。随着企业对数字技术的采用，员工将更频繁地接触到新型技能和工作方法，从而提高整体工作效率和创新能力。数字化转型为优化企业劳动力结构、提高员工素质和适应数字经济时代的工作要求提供了有力支持。

企业融资约束可能会抑制企业的雇佣需求，这一认识揭示了企业运作中资金面临局限性对劳动力市场的潜在影响。进一步深入探讨可发现，企业的劳动力需求在其形成过程中不仅受到劳动力成本的制约，还受到资本价格的重要影响。融资约束成为制约企业扩大产能的瓶颈，进而削弱了其在市场中的竞争地位，导致劳动力需求缩减（张三峰和张伟，2016）。这是因为：在面临融资约束的情况下，企业可能难以进行更大规模的生产和经营活动，进而限制了对新员工的雇佣。这种资金的局限性可能导致企业在市场竞争中处于相对劣势，从而影响到整体的雇佣决策。进一步拓展这一观点，融资约束可能引发企业内部资源分配的重新评估（卢昂荻和花泽苏，2023）。由于受到融资的限制，企业可能会更加谨慎地配置资金，优先考虑资本密集型的生产方式，而对劳动力密集型的生产则可能减少投入。

已有研究印证了机器人技术的广泛应用将促使就业市场出现就业极化效应，具体表现为非常规性任务领域的就业岗位显著增加，而常规任务的就业需求则呈现下降趋势（何小钢和刘叩明，2023）。高度依赖机器人的企业更加注重高技能劳动力的雇佣，这意味着劳动力市场对于高技能人才的需求将进一步增加，而低技能劳动力群体可能遭遇更为严峻的就业困境。机器人技术的应用缩减了企业的雇佣规模，降低了企业对低技能劳动力需求的占比，同时提升了高技能劳动力需求的占比（王永钦和董雯，2020）。此外，随着互联网技术的蓬勃发展，互联网通过发挥规模效应与复原效应的协同作用，推动了制造业就业质量的提升（许家云和毛其淋，2023）。规模效应促使企业实现生产规模的高效扩张，进而创造更为丰富的就业岗位机会，为就业市场的繁荣注入新的活力，而复原效应则在创造新的就业机会方面发挥积极作用；然而，互联网的发展也带来了替代效应，对就业水平产生了一定的抑制作用，特别是在低技能劳动力领域，互联网的替代效应表现得尤为显著。这意味着：虽然互联网的发展推动了制造业整体就业水平的提高，但同时也在一定程度上对低技能劳动力的就业产生了压力。

随着企业深入嵌入全球价值链体系，劳动力市场中的雇佣风险呈现加剧态势，全球价值链导致高工资地区企业和高度劳动密集型企业的员工面对着更加严峻的就业挑战，对大专及以下学历的就业率产生不利影响（李磊等，2019）。这种趋势反映了全球经济互联互通的同时，也伴随着劳动力市场的不稳定性。赵春明等（2021）发现，当出口增速放缓时，劳动力市场内部出现再配置现象，产生了明显的就业调整效应，特别是制造业和雇员就业率降低，而服务业和自雇身份的就业率上升；出口扩张则呈现出就业创造效应，促使就业机会的增加。这种就业调整效应凸显了出口行业的波动对于劳动力市场产生的深远影响，同时也凸显了不同行业和职业之间就业的动态变化。

综上所述，就业是一个多维度的复杂系统，我国需要更加灵活和前瞻地应对劳动力市场的挑战，推动经济的可持续发展。

（二）社保投入

目前对社会保险的研究多聚焦于宏观层面，包括社保的收入分配效应、经济影响及对国民福利的贡献等，而针对社会保险如何作用于企业的微观研究则相对较少，只有少数文献探讨了社会保险对企业劳动生产率、避税、存续风险及融资约束产生的影响。

在社会保险收入分配效应方面，任志江和苏瑞珍（2020）发现医疗保障制度在减贫方面的积极影响，同时也分析了当前我国医疗制度在减贫实践中所遭遇的瓶颈与挑战。他们认为，充分释放医疗保障制度的减贫效能，关键在于确保不同社会群体在享受保障待遇上的公平性以及机制建设的不断完善。王延中等（2016）的研究深刻揭示了社会保障收入在居民总收入架构中的核心地位，强调其对于缩小收入差距、强化收入再分配机制的正向效应。徐梅和黄雯（2014）的研究视角独特，通过细致对比不同养老保险体系下居民所享有的终身福利收益，深入剖析了制度差异对居民经济福祉的影响。其发现相较于企业职工，农村居民在养老保险缴费意愿上倾向于保守，这主要归因于我国养老保险体系存在的设计"碎片化"的问题，即制度设计上的不统一与分散性。鉴于此，养老保险制度在提供充分养老保障方面的效能亟待强化，废除"双轨制"，不仅能够显著扩大养老保险再分配效益的惠及面，使更多社会成员受益，实现社会公平与正义，还将有利于养老保险基金池的累积与增长，为养老保险制度的持续、稳健运行构筑起坚实的财务基础，确保制度的长远可持续运行。

在社会保险的经济影响方面，赵仁杰和范子英（2020）运用税收调研资料，深入剖析了城镇职工基本养老保险的省级统筹制度改革对企业层面养老保险缴费的作用。研究发现，省级统筹改革举措的深化，显著地降低了企业的养老保险缴费比率，且统筹程度越高，对企业缴费率的负向影响越显著。研究指出，若要顺利推进养老保险向全国统筹迈进，首要前提是确保税收征管职能向特定部门的有效转移，并在此基础上构建一套科学合理的利益补偿与激励机制，以此促进中央与地方之间在养老保险政策执行上的协同配合与利益平衡。吴笑晗和周媛（2020）则针对后疫情时代我国就业形势的发展需求，提出了社会保险"费改税"的改革方向。阳义南等（2020）探究了社会保险体系对我国劳动适龄人口"安全感"的影响，研究表明我国当前社会保险制度在增强劳动者安全感方面存在积极作用。鉴于此，为充分发挥社会保险制度的正面效能，亟须对现有制度框架进行精细化完善，以构建一个更加高效、全面的社会保障网络。具体而言，应不断拓宽社会保险的覆盖面，提升其待遇给付标准，同时强化顶层规划与战略部署，确保社会保险制度能够全方位、多层次地满足劳动者的安全需求。程欣等（2019）则从宏观视角分析了社会保险与经济发展的互动关系，强调了社会保险体系对经济高质量发展的支撑作用。

在企业微观层面，魏志华和夏太彪（2020）的研究深刻剖析了社会保险缴费负担如何通过收紧企业现金流的路径，诱发企业产生避税动机，尤其是在面临较重社保压力的企业样本中，这一现象更为明显。赵健宇和王文慧（2020）的研究则进一步强化了这一观点，他们验证了养老保险缴费比例与企业避税行为之间的正向关联性，指出在劳动密集型企业的样本中，这种正相关关系更显著。李金雨和王得力（2020）的研究则深入剖析了基本养老保险制度对企业避税策略的具体影响机制，揭示出：随着基本养老保险缴费比例的逐步提高，企业倾向于采取更为积极的避税策略，以增强其财务灵活性。这一现象在面临较高融资约束、盈利能力相对薄弱，以及现金储备水平较低的企业中表现得更为突出。杨龙见等（2020）的研究聚焦于社保费用减免政策对僵尸企业复苏的影响，深入剖析了该政策在破解企业融资瓶颈、促进资源重新配置方面的积极作用。魏天保和马磊（2019）的研究则揭示了社保缴费负担与企业存续风险之间先抑制后增强的"U"形关系。具体而言，适度的社保缴费负担可能初期对企业构成一定压力，但过重的负担则会显著抑制企业的生产效率与市场竞争优势，对企业的长期生存构成威胁。程欣和邓大松（2020）分析了社会保险投入对企业劳动生产率的具体影响路径与机制，发现在当前中国独特的经济背景下，社会保险的投入并未对企业生产要素的成本产生挤出效应。相反，社会保险通过其固有的员工激励功能，有效激发了员工的工作积极性与创造力，进而显著促进了企业生产率的提升。唐珏和封进（2019）深入探究了社会保险缴费率对企业资本-劳动比例配置策略的作用机制，发现了社会保险缴费水平与人均固定资产持有量之间存在显著的正相关关系，揭示了社会保险负担对企业资源配置决策的潜在影响。社会保险缴费水平的提升，实际上构成了企业劳动力成本上升的一个重要因素，这促使企业在生产要素的配置策略上做出适应性调整。为了应对劳动力成本的增加，企业更倾向于采用资本密集型的生产模式，通过增加对资本要素的投入来替代成本相对较高的劳动力，从而实现生产成本的降低和生产效率的提升。

在国外学者的相关研究中，Duong等（2022）考察了员工激励与企业创新的关系，发现拥有高固定收益养老金资产价值的公司拥有更为丰富的专利产出及更高的引用频次；而一旦公司中止养老金支付义务，就会对其创新成果产生不利影响，削弱其创新能力。Liu 等（2021）探讨了社保缴费对企业融资策略选择的影响路径，揭示出：当社保缴费率增加时，企业所承受的财务压力也随之增大，进而提高了陷入财务困境的可能性。鉴于此，企业普遍展现出一种更为审慎与保守的融资偏好，倾向于采取风险规避型的融资策略，以确保资金流的稳定性与安全性，有效应对潜在的经济风险与挑战。José（2021）则针对 OECD 国家社会保障税在雇员与雇主之间的分担机制，分析了其对宏观经济运行及社会福利状况的潜在影响。研究表明，提升社会保障税缴费比例促进了经济的活跃与福利水平的提升。

（三）人力资本积累

在组织的构成中，人力资本作为核心驱动力，扮演着驱动企业创新与持续发展的角色。其规模与素质的高低，不仅深刻影响着企业发展的广度与深度，更直接决定了企业成长的质量与竞争力（Gallie et al., 2012; Liu and Luo, 2019）。为了有效促进人力资本提升，一方面是资金的有效注入，包括了对人力资本的直接投资，以及通过创新机制促进资本与高技能劳动力的深度融合与互补；另一方面是构建健全的制度保障体系，旨在优化员工的薪酬结构，提升福利待遇水平，以此激发员工的积极性与忠诚度，共同推动企业向更高层次迈进。就宏观视角来看，主要关注竞争强度（Rhodes, 1998）、同构压力（Rudra, 2002）和国家文化（Pfau and Effinger, 2005），并通过制度、信号和资源依赖等理论视角进行研究。从企业微观视角来看，主要关注企业人才需求与待遇，包括生产技术革新对劳动力的需求与溢价支付（肖土盛等，2022; Liu and Luo, 2019），更高的创新意愿与社保缴费、年金计划的能力（Wang et al., 2023b）等。也有少数研究关注到了领导者的身份、政治意识形态和宗教信仰的影响（Gupta et al., 2018）。

当前，关于人力资本积累的研究已深度融入企业创新领域，尤其是聚焦于企业管理层的人力资本构成，广泛采纳汉布瑞克和梅森（Hambrick and Mason, 1984）构建的高阶梯队理论框架，从性格、任职时长、教育背景及校友网络等方面研究这些特征如何作用于企业的创新绩效。

顾海峰和卞雨晨（2020）的研究揭示了董事会资本的提升可以通过提高人力资本渠道的信息流通效率与社会资本渠道的决策联动性，促进企业的创新资源投入。何旭和马如飞（2020）的研究指出，在市场化程度相对落后的地区，企业中高管的学术背景，特别是高管团队中具备高等学术背景的比例，对于推动企业创新投入展现出了更为强劲的驱动力。进一步地，易靖韬等（2015）的研究揭示了高管过度自信这一心理特质能够积极促进企业创新活动的投入与产出，特别是在高新技术行业内，该效应尤为显著，这深化了关于管理者个人特质与企业创新能力间相互作用的理解。王会娟等（2020）探讨了私募股权管理人与企业高管间因校友关系而构建的社会网络对企业创新的积极影响。他们发现，这种基于共同教育背景的社交网络不仅促进了投资关系的建立，还显著提升了被投资企业在创新方面的投入力度，且这一正向效应在投资规模庞大、创新需求迫切的行业及企业中表现得尤为突出。

在国外学术界对于激励机制与企业绩效关联的研究中，Cai 等（2021）聚焦于锦标赛激励模式，细致分析了该模式对中国企业创新成果产出的多维度影响，发现锦标赛激励模式对高管产生了激励作用，进而对创新产出的数量和质量都有积极作用。Qing 等（2021）聚焦于 CEO 的出生顺序这一因素，发现相较于非首位出生的 CEO，首位出生的 CEO 所领导的企业在创新活动上表现出较为保守的态度，这些 CEO 往往展现出较低的内在创新驱动力或偏好，进而限制了企业整体创新能力的提升。Guan 等（2021）发现，管理层责任追究机制的实施削弱了管理团队的积极性与动力，最终限制了企业创新活动的有效推进。Ting 等（2021）聚焦于具备科学与工程背景的技术专家型 CEO 群体，发现拥有此类专业背景的 CEO 展现出对创新更加积极的态度与行动，倾向于推动企业内部的技术革新与创意实现。

当前文献大多基于"政府干预假说"视角探讨产权性质对企业人力资本质量的影响，得出超额雇员形成负面影响的结论，只有较少文献关注国有企业内部对员工权益的强化保障及其对人力资本质量提升的积极影响。国有企业与生俱来的政治与资源属性，在资源配置上展现出独特优势，能够有效缓解企业的融资约束（何德旭等，2022），并进一步激发企业的投资意愿与创新潜能（刘惠好和焦文妞，2022），进而增加高技能劳动力需求；国有企业所体现的政治目标属性相较于民营企业会更注重员工权益保护（汪圣国等，2022；Cheng，2022），增加对高技能、高学历人才的吸引力。而我们强调的中国企业中党组织对员工权益保护的影响，在现有文献中仍然没有得到足够的探讨。

三、党组织参与公司治理的相关研究

国内关于党组织参与公司治理的研究开始于 2012 年，主要聚集在国有企业，探讨国有企业党组织与公司治理结构之间的关系问题，以及国有企业党的建设相关问题，随后扩展到民营企业、基层党建、党的领导、乡村振兴等主题（见图 2.5）。根据突现词的统计情况（见图 2.6），党的建设、国有企业、脱贫攻坚等问题的研究较早，伴随国家的政策指引随后扩展到社会治理、精准扶贫以及私营企业领域，最近一些研究开始关注共同富裕、党建入章、集体经济等领域。

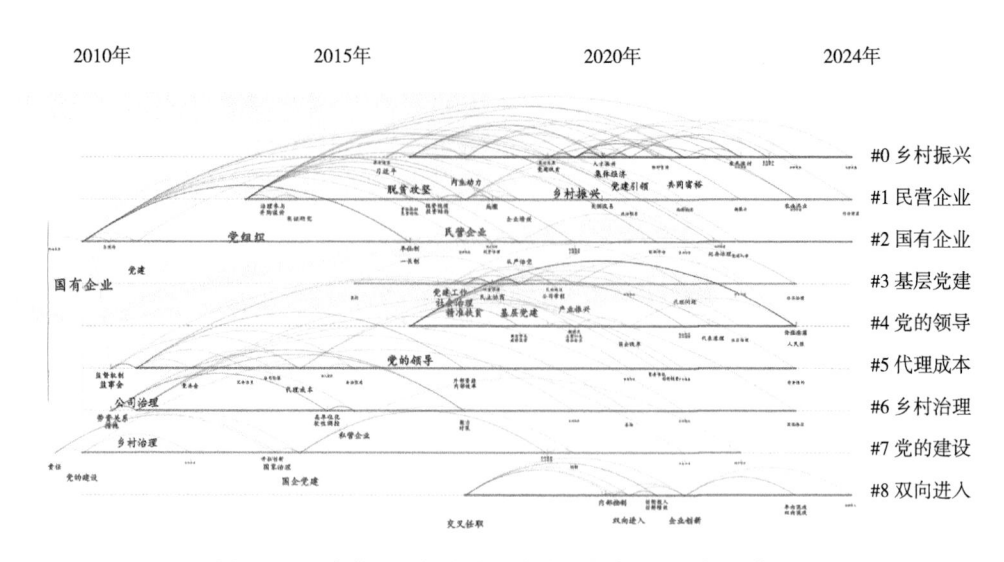

图 2.5　国内党组织相关论文关键词聚类时区可视图谱

资料来源：笔者整理。

Keywords	Year	Strength	Begin	End	2010—2024年
党的建设	2010	1.47	2010	2016	
国有企业	2010	1.39	2010	2011	
精准扶贫	2017	3.18	2017	2019	
社会治理	2017	2.62	2017	2020	
基层党建	2018	2.02	2018	2019	
脱贫攻坚	2016	1.81	2020	2021	
共同富裕	2021	2.15	2021	2024	
私营企业	2015	2.13	2021	2022	
公司治理	2011	2.91	2022	2024	
党建入章	2022	1.94	2022	2024	
集体经济	2020	1.71	2022	2024	

图 2.6　国内党组织相关论文关键词突现词情况

资料来源：笔者整理。

具体到企业创新层面，现有关于政治制度与公司创新的研究主要讨论公司在该政治制度环境下实施的一种非市场政治策略（Sun，2019；Zhou et al.，2014），即公司建立的政治关联或政治关系。这种联系能使企业获得稀缺资源（如银行贷款等）、优惠的政策待遇和法律保护（Li et al.，2008；Zhou et al.，2019）。也有人认为政治关系会增加公司的政治风险和成本，为了获得政府支持，公司必须满足政府的期望和实现政治家的目标，政治关系的存在有可能对企业的创新资源配置产生不当干预。

既有研究已经确定了两种类型的政治关系。第一种以个人政治关系为例，高管在政治委员会任职或企业任命具有政府背景的高管人员，这种类型的政治关系一般存在于私营企业。第二种是以产权为纽带的政治关系，主要指国有企业。国有企业产权归国家所有，政府对国有企业表现出"父爱主义"倾向，但同时也导致了更大的企业自主权损失（Jia et al.，2019；Zhou et al.，2017；Wang et al.，2023a）。

由于政治关系影响企业经营和资源配置（Musacchio et al.，2015），因此不可避免地影响企业创新能力的培养。例如，Kotabe 等（2017）证明了政治网络和吸收能力之间在促进激进创新方面的积极互动效应。Sun 等（2021）证明，与私营企业合作相比，与新兴市场的政治机构组建国际合资企业将吸引更多的研发投资，但产生更少的创新产出。Zhou 等（2017）发现，尽管国有产权制度为企业提供了获取研发资源的渠道，但在中国的特定背景下，这一制度安排却意外地降低了企业将这些资源转化为创新成果（尤其是专利申请数量）的效率。Wang 等（2023a）以中国央企为研究对象，发现在国资监管较为宽松的环境中，企业内部的党组织能够扮演积极的角色，促进创新活动的推进。Wang K. 等（2023）基于中国上市的民营制造业企业进行研究，发现政治关系的存在可能分散了高管对创新转型这一核心战略目标的注意力，导致资源分配偏离创新轨道，最终阻碍了企业创新能力的提升。

总结现有研究，我们认为还存在一些不足之处。首先，关于中国的政党制度对企业行为影响的研究还很匮乏，多集中于研究政治关联、政治联系，将其作为企业的一种政治策略。而这种研究是不适用于中国的国有企业的，国有企业天然的政治联系与私营企业建立政治联系是完全不同的，国有企业才是中国经济的代表和支柱。其次，党组织参与治理是中国国有企业最大的特征。少量研究关注到了中国企业中党组织的影响，但仅仅基于党组织在企业中的决策和监督作用，并未涉及党组织对员工的保护，即没有关注到企业中党组织的存在对企业内部员工权益、人力资本积累的影响。

四、创新影响因素的相关研究

当前学术界对创新议题研究展现出浓厚兴趣，众多学者在理论与实证方面均取得了成果，这些研究涵盖了融资约束、公司内部治理机制、政府补贴、国家法律体系与政策框架等多个层面，旨在深入探讨这些因素对企业创新活动的影响。

关于融资约束对企业创新的影响，黄速建和刘美玉（2020）通过实证分析发现了需求型信贷约束与供给型信贷约束对小微企业创新能力的差异化影响，特别指出需求型信贷约束对企业创新具有更为显著的抑制作用。张璇等（2017）深入剖析了信贷市场中的寻租行为与融资约束对企业创新活动的制约效应，发现信贷寻租现象不仅成为企业创新进程中的一道障碍，更与融资约束一起放大了后者对企业创新能力的抑制作用。具体而言，信贷寻租的存在增加了企业获取外部融资的难度与成本，从而进一步压缩了企业可用于创新投资的资源空间，对企业的创新活动构成了更为严峻的挑战。因此，加强金融监管、遏制信贷寻租行为，并深化金融体制改革，成为促进企业创新及经济可持续发展的关键举措。鞠晓生等（2013）的研究则强调了营运资本管理在缓解融资约束、推动企业创新中的重要作用，说明即使在资本市场尚不成熟的背景下，企业仍能够通过优化营运资本配置来提升创新能力。

从公司治理视角出发，王亚男和戴文涛（2019）深入剖析了内部控制机制对中国企业创新活动的促进作用，揭示了企业内部控制体系的完善程度与企业创新效率之间存在显著的正向关联。解维敏（2018）的研究则独辟蹊径，专注于探讨业绩薪酬制度对企业创新能力可能产生的间接效应，研究发现，虽然业绩薪酬激励机制旨在激励管理层，但也可能诱发其短视决策行为，进而对企业的创新表现产生一定的抑制作用。此外，冯根福和温军（2008）研究了公司内部治理结构的多个关键维度对技术创新活动的影响。研究结果显示，国有股权占比的增加未能为企业技术创新带来正面影响，反而呈现出负相关；而机构投资者持股比例及独立董事比例的增加，则显著促进了技术创新能力的提升。该结论为优化上市公司内部治理以提升其技术创新能力提供了重要的理论支撑。

对于政府补助如何影响企业的创新活动，特别是新产品创新，是学术界关注的重要议题。毛其淋和许家云（2015）的研究深入探讨了此问题，发现适度的补助能够积极促进产品的创新，一旦补助额度超出合理范围，则可能转变为对企业创新的阻碍。解维敏等（2009）的研究聚焦于政府R&D补助对企业研发投资行为的影响，揭示出政府在推动企业技术创新中所扮演的关键角色，政府应适当加大对企业创新的支持力度。

在法律与政策维度上，芮明杰和韩佳玲（2020）深入探讨了推动创新型产业发展的政策框架如何正向影响企业的研发创新活动，指出创新型产业政策的有效实施能够显著增强受惠企业的研发投资动力，其积极影响主要通过"外部信心效应"与"内部激励效应"体现。余明桂等（2016）则对国家五年规划中的产业激励政策进行了系统性梳理，指出这些政策显著促进了被纳入鼓励范畴企业发明专利数量的增加。进一步地，吴超鹏和唐菂（2016）的研究深入剖析了知识产权保护的执行力度如何作用于企业的创新绩效，其研究表明，当政府加大知识产权保护的执法力度时，能够显著地激发并释放企业的创新活力与潜力，进而在长期内对企业的财务绩效展现出显著的正面影响。政府应进一步加大知识产权保护的执法力度，以此作为科技创新驱动供给侧结构性改革的重要抓手，助力实现经济发展模式的转型与升级。

在国外学者关于公司内外部环境对创新驱动作用的探讨中，Yong 等（2021）探讨了独立董事制度与企业创新水平之间的路径，并引入媒体关注作为调节变量，发现了技术导向型独立董事对提升企业创新绩效的正向效应，而媒体的高关注度则削弱了这一正面影响。Ouyang（2022）聚焦于大股东投资集中度对企业创新产出的影响，指出大股东若将投资重心集中于单一企业，能有效缓解委托代理问题，进而促进创新产出的增加。Ovtchinnikov 等（2019）发现，在政治领域获得更多支持与认可的企业，即与政治家关联度较高的企业，展现出更强的创新能力。这一发现认为政治力量对于降低企业运营环境中的不确定性有积极作用。Kong 等（2022）的研究则聚焦于高等教育体系如何影响企业创新水平，指出高等教育的广泛普及不仅增加了拥有高等教育背景的员工与发明家的数量，还促进了企业创新人力资本的积累，这种人力资本的提升为企业带来了更加丰硕的创新成果，进一步验证了教育对于创新活动的深远影响。

五、文献评析

首先，本章通过对文献的梳理发现，尽管对于政府补贴的经济后果和企业劳动就业的影响因素的研究颇丰，但是关于政府补贴对企业劳动保护的影响的研究却相对较少，并且现有研究结论也存在一定的差异。这为深入研究政府补贴对企业劳动保护的实际影响提供了研究空间，有助于更全面地理解政府政策对就业市场的影响机制。

一种观点认为，政府补贴作为政府向企业提供的无偿资金，显著提升了其现金流动性，为企业开辟了更为广阔的成长空间。这种举措不仅促进了企业规模的扩张，还优化了企业的经营环境，减轻了企业所承受的融资压力。具体而言，政府补贴作为缓解企业融资约束的关键手段，间接促进了企业在人力资源配置上的调整，成为刺激企业扩大雇佣规模、提升就业吸纳能力的重要驱动力。企业所获得的政府补贴额度与其随后增加的雇员数量之间存在显著的正向关系（张伯伟和沈得芳，2015；曾建光等，2017）。

另一种观点则认为，政府补贴可能带来挤出效应。尽管政府补贴可以提高企业的利润，满足它们上市、配股等融资要求，但在某些情况下，这种补贴可能会削弱企业参与市场竞争的积极性。企业可能更加关注如何获取政府补贴，而忽略了提高生产效率或创造新的市场机会，由此导致整个行业内就业的减少，不利于社会资源的配置。潘越等（2009）、余明桂等（2010）指出，政府补贴可能使企业在追求短期收益的同时忽略长期发展的关键因素。企业可能更倾向于依赖补贴，而不是通过提高效率和创新来增强可持续竞争力。这种趋势可能导致整个行业就业机会的萎缩，降低对社会资源的有效利用。

综合以上观点，可以看到现有研究的几个不足之处。其一，多数研究主要关注政府补贴的总额，而缺乏对不同类型补贴的详细分类研究，导致我们对各类补贴的具体影响了解不足。其二，当前研究侧重于从企业绩效和研发投入等角度研究政府补助对企业经济后果的影响，而对我国政府补贴对企业劳动保护的实际影响尚未有足够深入的研究。政府补贴对企业劳动保护产生的后续影响效应的研究也相对不足。政府补贴是否能够有效促进企业雇员规模的增长，其对企业员工结构及其福利的具体影响又是什么，尚无学者对此进行深入研究。填补这方面的研究空白，对于全面了解政府补贴对企业发展和劳动就业的影响至关重要。

其次，在企业创新方面，多数研究倾向于遵循高阶梯队理论的框架，聚焦于高管个人特征及高管团队组成的异质性，却忽视了企业内部普通员工群体，特别是核心员工群体对创新的潜在贡献。何旭和马如飞（2020）探讨了高层管理者中拥有学术背景的成员及其占比对提升企业创新投入的正向影响，且在市场化程度较低的地区正向影响更明显。然而，现有文献很少将研究视角延伸至员工层面（比如员工的学历、专业技能水平，或者具体到企业研发团队的人员构成上），分析这些因素如何影响企业创新绩效。

再次，当前社会保险领域的研究重心普遍倾向于宏观层面的效应分析，却鲜有将视角转向社会保险的最终受益主体——员工，以探究其对企业内部运作，特别是对企业核心发展动力——创新活动可能产生的深层影响。本书旨在填补这一缺口，将探讨社会保险投入与企业创新绩效之间的相关性作为研究方向。

最后，在党组织参与治理方面，现有研究只关注到了中国企业中党组织的影响，但仅基于党组织在企业中的决策和监督作用，并未涉及党组织对员工的保护，即没有关注到企业中党组织的存在对企业内部员工权益、人力资本积累的影响。国有企业所体现的政治目标属性相较于民营企业会更注重员工权益保护（汪圣国等，2022；Cheng，2022），进而增加对高技能、高学历人才的吸引力。我们强调的党组织对员工权益保护的影响，在文献中仍然没有得到足够的探讨。

本章小结

本章主要包括两部分内容：理论基础和文献综述。一方面，从政府与市场关系的相关理论出发，对市场失灵理论、技术创新理论、外部性理论、人力资本理论以及竞争优势理论进行了论述；另一方面，对于以政府补贴为代表的政策效应、劳动保护、党组织与公司治理、创新影响因素四个方面的国内外相关文献进行了回顾，并对当前既有文献资料进行了深入分析与评价，旨在为后续阶段的理论分析与实证研究奠定基础，确保分析过程的严谨性与创新性。

第三章 我国劳动保护的制度背景与理论分析

本章首先简要回顾了我国产业政策、劳动保护相关的制度背景以及国有企业党组织参与公司治理的历史沿革,并对政策赋能、劳动保护与企业创新的理论分析框架进行总结和梳理。

第一节 我国劳动保护的制度背景

一、我国产业政策的历史沿革与特征

产业政策自其产生之日起,无论是为了弥补市场失灵,还是后发经济体为了实现经济赶超,都是对完全市场机制作用的某种偏离。从这个意义上看,产业政策没有最优解,而是综合权衡成本与收益的动态调整过程,在某些情况下需要服务国家战略(白雪洁等,2024)。

自"产业政策"概念出现至今,国际社会关于产业政策的争论从未停止。争论的焦点在于曾经被一些人认为创造了日本经济发展奇迹的产业结构政策,即由政府干预资源和生产要素在不同产业间配置的产业政策是否必要、是否有效等问题。这类政策也被称为选择性产业政策,因其选择性干预和歧视性对待不同生产领域而颇受质疑。我们对中国经济发展各阶段的经济政策演进过程进行了梳理,如表3.1所示。

表3.1 与中国经济发展各阶段的经济政策演进

阶段	特征	政策响应		
		竞争政策	产业政策	科技创新政策
1978—2007年	资源依赖和倾斜式配置	逐步引入和强化市场竞争	以选择性产业政策为主	科技创新政策突出技术模仿
2008—2011年	比较优势和规模经济	竞争政策正式进入国家经济政策领域	以选择性产业政策为主,更加重视功能性产业政策制定	科技创新政策突出技术创新
2012—2019年	技术进步与创新驱动发展	提出逐步确立竞争政策的基础性地位	选择性产业政策不良效应凸显,功能性产业政策地位上升	科技创新政策突出技术创新

续表

阶段	特征	政策响应		
		竞争政策	产业政策	科技创新政策
2020年之后	价值链自主可控	竞争政策确立基础性地位	以功能性产业政策为主	科技创新政策突出原始创新和关键核心技术掌控

资料来源：笔者整理。

1978—2007年，中国经济经历了多个要素驱动发展阶段，从最初的"劳动要素驱动"到后来的"资本要素与劳动要素并驾而驱"，最终演变为"资本要素驱动"。在这个过程中，经济增长在很大程度上取决于对资源和生产要素的大量投入，资源和要素的不均衡配置在产业发展中发挥至关重要的作用。改革开放初期，中国经济发展水平低，学习借鉴日本的幼稚产业培育和主导产业扶持等选择性产业政策成为推动计划经济向市场经济渐进式变革的重要方式。1992年，党的十四大确定建立和完善社会主义市场经济体制，这一阶段，中国产业政策的选择性特征逐渐加强，逐步形成完备的选择性产业政策体系。政府部门对财政补贴、税收减免、贷款贴息、目录指导、市场准入等引导性和直接限制性政策工具的运用日渐娴熟，选产业、选技术、选企业的强干预型产业政策以差别化待遇、强资源倾斜等方式推动了经济的高速增长。相比之下，当时政府对竞争政策的重视程度和实践运用都显不足。由于中国的市场经济发育并不像西方国家从自由竞争状态萌芽演化而来，而是通过高度集中的计划经济体制逐渐放松计划，增强市场作用，维持相当一段时期的双轨制等形式逐渐确立。这种渐进式改革在产业领域的一个遗留问题就是行政性垄断不仅与市场经济下的自然垄断相交织，而且可能渗透到较充分的市场竞争领域，导致行政性垄断在中国更加突出。这一阶段，相关法律法规对行政性垄断的处罚力度不足，行政性垄断广泛存在于经济社会之中，抑制市场的自由竞争。虽然《中华人民共和国价格法》《中华人民共和国反不正当竞争法》等相关法律法规的颁布在一定程度维护了市场公平，颇有竞争政策的色彩，但总体上缺乏系统性，且效果有限。

2008—2011年，中国经济的全球化发展使得依赖廉价要素和资源加工生产以及出口导向的特征逐渐淡化。同时，中国经济增长取得了一定成就，基于比较优势和国内规模经济，吸引了全球要素投入。2008年8月实施的《中华人民共和国反垄断法》（以下简称《反垄断法》）第九条规定："国务院设立反垄断委员会，负责组织、协调、指导反垄断工作，履行下列职责：（一）研究拟订有关竞争政策……"这是中国第一次以法律形式明确提出竞争政策的概念，标志着中国竞争政策以法定有效的方式由弱到强、从分散到系统地迈入政策调控的历史舞台，成为其后中国竞争政策逐步完善并确立为主流政策的坚实基础。《反垄断法》首次以专章形式对强制交易、强制联合等行政性垄断行为进行规定，在立法上迈出重要一步。但以列举方式限定行政性垄断行为的范围，难以囊括所有行政垄断类别，特别是难以涵盖伴随新技术涌现不断出现的新行政垄断形式，因此中国的行政性垄断问题仍然泛滥。在这一阶段，仍以选择性产业政策为主，吸引外商投资等全球化生产要素进入中国市场，以区域或行业鼓励（限制）的方式进行某种形式的干预，从区域和行业角度实行差别化待遇。但是，随着选择性产业政策不良效应的日益凸显，特别是对市场竞争主体实行差别化待遇的做法为美国等国家对中国屡屡挑起贸易争端提供口实，国内被选择性产业政策区别对待的市场竞争主体也越来越追求公平的竞争环境，此时为了与选择性产业政策进行明确区分，出现了功能性产业政策的概念：即以亲近市场、尊重市场为基础，强化市场功能，并为市场机制的完善与发展创造适宜的监管环境，提高本国产业竞争力。从功能性产业政策的角度看，其目标在于提升国内产业的竞争实力，但其与竞争政策并不完全相同。竞争政策的首要目标在于确保市场竞争机制有效运转，保障市场主体的自由竞争，维护和追求的是竞争本身；而功能性产业政策是借竞争机制的作用和竞争环境的塑造来达到促进产业竞争力提升的目的。二者不相同但也不冲突，具有内在协调性。功能性产业政策比竞争政策前进一步，恰恰说明这是发展中国家为有效达到经济发展和赶超的目的而行使的政府干预。政府在制定产业政策时，更加重视"市场友好型"的功能性产业政策的运用，也更加强调"市场在资源配置中的基础性作用"，有利于强化未来竞争政策在广义产业政策体系中的地位。

2012—2019 年，中国经济发展逐步迈入新阶段，发展模式也在转型，产业相关政策的核心在于积极促进产业技术的提升以及价值链的改进。2012 年，党的十八大首次提出了实施创新驱动发展战略，强调"科技创新是提高社会生产力和综合国力的战略支撑，必须摆在国家发展全局的核心位置"。

但囿于中国改革开放后采取技术引进和模仿式创新为主的产业发展政策，在经济快速发展的初期，有意识特别是有能力进行自主创新的企业少之又少。总体而言，技术创新对经济增长的贡献不足，科技与经济"两张皮"问题突出，而不断深化的市场经济改革对科技创新体制机制改革需求日益强烈。面对这一现实需求，科技创新政策更加注重"科技"中"技"的部分，政策对象逐渐涵盖科研机构、大学和企业等多元科技创新主体，覆盖研究开发、技术转移和成果转化等多个创新环节，并结合财政、税收、金融等政策手段发挥对产业技术升级的支撑潜力。激励技术创新的相关政策，包括在一定程度上具有选择性特征的产业技术政策，在这一时期政策体系中的重要性得以提升。但是，因为技术创新活动的特殊性，其政策作用的发挥所需时间更长，效果更隐性，这种政策体系转型的效果目前还未充分显现。

2013年党的十八届三中全会把市场在资源配置中的"基础性作用"修改为起"决定性作用"；2015年《中共中央、国务院关于推进价格机制改革的若干意见》首次提出"逐步确立竞争政策的基础性地位"；2016年《国务院关于在市场体系建设中建立公平竞争审查制度的意见》明确，要及时发现和规制行政性垄断行为，肃清地方保护主义。这一系列中央政策的出台，表明中国特色社会主义市场经济进入增强市场功能、重视公平竞争的发育成熟期，随着产业结构和产业发展政策逐渐淡出，竞争政策作为产业组织政策的重要组成部分，其作用得到进一步凸显。但这种提升是相对之前的竞争政策被边缘化而言的，总体上，相比完善的市场经济体制对竞争政策的要求，中国的竞争政策地位仍有待加强。在经济发展的赶超阶段，为了与具有选择性特征的产业结构政策相配合，中国的产业组织政策更加侧重获取规模经济优势的促进集中和鼓励兼并重组政策，目的是解决很多产业存在的"散小乱"的产业组织问题。当然，相当数量的政策实践表明，这种以鼓励引导为手段的产业集中化的组织政策几乎都未能实现政策初衷，企业内生的竞争本能会产生很强的政策破坏力，当扩张和发展是企业面临的主要任务时，竞争政策基本居于次要地位。然而，根据发达国家经济发展的普遍规律，竞争作为确保市场经济高效运作不可或缺的制度设计，在经济政策框架中占据着首要位置。在中国特色社会主义市场经济建设持续深化的进程中，竞争政策的核心地位也得到了进一步的巩固与强化，成为推动市场繁荣与经济发展的关键力量。这一时期的产业政策更加注重发挥市场机制的作用，将政策重点放在构建良好的制度环境及产业发展的软硬件设施环境上，也包括"新基建"等数字经济时代产业发展公共环境的完善，软性环境建设方面则以优化营商环境为重点，旨在消除长期实施选择性产业政策所带来的负面影响，提升功能性产业政策的重要性。

2020年以后，新发展格局下国内外环境发生深刻变化，价值链自主可控成为新发展阶段中国经济必须实现的重要目标。这一时期，中国始终致力于提高竞争政策和功能性产业政策的地位，推动科技创新政策对基础创新的支持。例如，2020年5月发布的《中共中央、国务院关于新时代加快完善社会主义市场经济体制的意见》提出，强化竞争政策基础地位，落实公平竞争审查制度，加强和改进反垄断和反不正当竞争执法，"推动产业政策向普惠化和功能性转型"。党的十九届五中全会明确提出把科技自立自强作为国家发展的战略支撑。党的二十大报告提出完善产权保护、市场准入、公平竞争、社会信用等市场经济基础制度，强调要"加强反垄断和反不正当竞争，破除地方保护和行政性垄断"。这一系列政策文件对在现有基础上深入推进公平竞争政策、功能性产业政策和支撑高水平科技自立自强的科技创新政策实施提出了更高的要求和明确的指引。尽管如此，2020年以来的产业政策体系还处于调整适应的过渡阶段，尚不足以支撑价值链自主可控要求下中国经济的高质量发展。未来，中国产业政策体系仍要进行适应性调整，以充分确立竞争性政策的基础性地位，推动产业政策以功能性产业政策为主，促进原始创新和关键核心技术掌控。

回顾产业政策的历史演变轨迹可以发现，西方经济学界对以东亚地区为典范的产业政策实践关注较少。主流经济学领域的学者常以"观察者"的角色对积极推行产业政策的政府政策给予诸多批评与审视。"产业政策往往是最易招致自发性质疑的经济政策之一"（Juhász et al., 2003），他们强调"产业政策不仅没有展现出治理效果，在极端情况下甚至可能带来负面影响"。这种观点深刻根植于主流经济学界对市场机制效能的坚信，以及对政府干预的天然谨慎与怀疑，体现了"二分法"思维倾向（贺俊，2023），即倾向于将市场与政府的作用分隔开，忽略两者间可能存在的复杂互动与协同效应。大多数观点认为，以补贴作为核心手段的产业政策，经常引发市场机制的扭曲现象，最终损害资源要素的有效配置。对于后发经济体而言，尽管产业政策在推动经济赶超过程中已被验证，学术界却倾向于限定它的正面效应于特定发展阶段（诸如竞争前阶段或产业化萌芽期）。进入后赶超时期，随着经济体系由政府主导逐步向市场主导资源配置的模式转变，日本、韩国等东亚国家那些曾受到认可的产业政策逐渐失去光环。即便是在产业政策实施效果显著的日本，也出现了对产业政策进行全面质疑的浪潮。1990年，日本经济持续深陷停滞困境，学术界对此进行了深刻剖析，将其根源部分归咎于政府产业政策实施过程中遗留下的结构性问题，包括金融市场的保守封闭、外资准入门槛高企、服务业发展的滞后与低效、农业部门竞争力的缺失，以及经济开放程度不足（方晓霞等，2015），并揭示了产业政策实施后，若未能适时调整与深化市场开放，可能引发的长期经济挑战。

多项研究显示，产业政策在中国也遭遇了反对的意见，认为产业政策对创新效率、公平竞争造成了不利影响（黎文靖和郑曼妮，2016；钱学锋等，2019；郑世林和张果果，2022）。然而，尽管存在负面评价，中国依然借鉴东亚地区的成功经验，坚定不移地将产业政策视为驱动工业化进程加速、促进产业结构优化升级、实现后发国家跨越式发展的关键策略。具体而言，1970—1980年，一系列源自日本的产业政策研究成果对中国产业政策理论体系的构建产生了深远且积极的影响，这些成果更在实践层面为政策制定者提供了宝贵的参考指南，有效指导了政策设计与实施。小宫隆太郎等（1988）在探讨产业政策的分类时，采用政策作用对象的维度进行划分，将之具体细分为针对产业间结构的调整政策与产业内组织优化的政策两大类别。进一步地，从产业政策的执行与调控机制层面考量，这些政策又可被归纳为三类：一是通过市场信号引导与激励的间接诱导型政策；二是直接对产业活动施加约束与限制的直接干预型政策；三是利用信息交流与透明化手段促进资源配置的信息传递政策。这一划分方法如今对产业政策体系构建仍有参考价值。

此后，中国本土的产业政策理论研究持续深化（黄群慧和贺俊，2023），这一进程有力地推动了各级政府积极投身于产业政策的实施之中，并在此过程中逐步构建出一套既与中国特有体制机制紧密融合，又逻辑自洽的独特实践范式（江飞涛等，2021）。与此同时，林毅夫与张维迎之间的学术争论，进一步凸显了产业政策理论和实践中，政府与市场关系这一核心议题的复杂性与争议性。张维迎（2017）主张，市场失灵作为产业政策介入的基础，实则是一个值得商榷的概念，强调政府干预可能引发的竞争削弱与治理失灵；林毅夫等（2023）则立足于新结构经济学与比较优势理论的视角，深入剖析产业政策的时代变迁，积极探索其未来发展方向，力求在促进经济社会进步的同时，实现与环境保护的和谐共生，即推动产业政策与环境规制的协同并进。

值得注意的是，上述争议与分歧的持久存在，以及它们长期以来在主流经济学领域中的相对"边缘化"，根源之一在于产业政策研究尚未构建起一个能够凝聚广泛共识的基础理论框架。然而，随着产业政策在全球范围内再次成为实践焦点，国内外学者的研究丰富了产业政策的理论内涵，也为其未来的发展提供了更为坚实的支撑。在探讨产业政策的影响时，Criscuolo 等（2019）的研究揭示了一个重要发现：政府所提供的最大投资补贴与中小企业的就业增长呈现出同向的显著关系，而该正面效应在大企业中则未显现，进一步表明产业政策的积极作用主要体现在促进投资扩张和就业增长层面，而非直接提升全要素生产率。在 Lane（2022）对韩国产业政策的详尽经验分析之后，哈佛大学与牛津大学的学者携手，以"产业政策的新经济学视角"为题，通过因果识别方法对产业政策实施效果进行了深入的量化分析，为理解产业政策的效果提供了更为细致且情境化的视角。基于上述研究，学者们对中、日、韩三国在不同历史阶段的产业政策成效进行了重新评估，聚焦于治理理念、政策工具的演进。该研究扭转了主流经济学界长期以来对产业政策持保留态度的现状，对其理论与实践提供了积极评价，不仅丰富了政策讨论的学术语境，也为政策制定者提供了更为坚实的理论依据。

针对国内学术界而言，中国持续深化且日益丰富的产业政策实践，为研究者们提供了肥沃的理论土壤，促使人们对产业政策成效的分析视角趋向多元化。余明桂等（2016）的研究成果鲜明指出，中国产业政策在推动企业技术创新能力提升方面扮演了积极角色，具体表现为显著促进了受政策扶持行业内企业发明专利数量的快速增长，且这一效应在民营企业群体中更加明显，揭示了产业政策在激发民间创新活力、促进技术进步方面的巨大潜力。杨瑞龙和侯方宇（2019）倡导将关注点从单纯的"有效性"验证转向更为精细化的剖析，这一转变实质上是对产业政策有效性边界的深入探索，要求政策制定者在实施过程中必须精准把握时机、环境条件及目标对象，以实现政策效应的最大化。从更本质的层面分析，产业政策可视为政府与企业间建立的一种非完全契约关系，在此框架下，合理分配剩余控制权成为缓解不完全契约环境所诱发的"机会主义行为"问题的有效途径。这种控制权的分配机制，本质上是一种内部化外部性的策略，有助于通过构建不完全契约模型，精确界定并优化产业政策的有效性边界与实施条件，进而提升政策决策的科学性与有效性。

尽管实证研究结果呈现出多样性与争议性，但部分研究（张鹏杨等，2019；赵婷和陈钊，2020）仍强调了比较优势在促进产业政策达成正面成效上的关键作用。近年来，中国高铁、5G等领域的显著成就，为学术界提供了宝贵案例，激发了学者对产业政策的思考，特别是对政府与市场在后发国家技术创新赶超过程中如何协同作用及其相互关系的深入探讨。贺俊等（2018）、吕铁和贺俊（2019）、黄阳华和吕铁（2020）以及贺俊（2022）等学者的研究，不仅将中国产业政策的学术研究推向了新的理论维度与范式，还极大地拓展了理论框架的深度，完善了研究方法体系，进而提升了政策制定过程中科学决策的能力与影响力。这些研究促使对产业政策及其成效的理解向更加客观、全面及动态化的方向迈进。国内外研究动态清晰地揭示出产业政策学术探讨与现实应用之间的高度契合性，二者相辅相成，共同推动理论与实践的协同发展。随着全球范围内产业政策实践的再度兴起与深化，学术研究持续深化对产业政策演进轨迹、逻辑体系重构及其广泛影响的多元视角剖析，为构建更加完善的产业政策理论体系提供支撑，同时也具有重要的现实意义，有助于指导政策制定者精准施策，促进经济社会的持续健康发展。

二、劳动保护政策的制定与实施现状

为了进一步强化劳动者正当权益保护，营造稳健且和谐的劳资关系氛围，我国持续深化劳动力市场制度体系的改革，于1994年颁布《中华人民共和国劳动法》、2004年颁布并实施《最低工资规定》、2011年实施《中华人民共和国社会保险法》等。本部分将从四个方面系统梳理我国劳动保护制度的形成过程与实施现状。

（一）劳动合同制度的形成与实施

劳动合同是构成劳动法体系中一个至关重要的组成要素，其重要性不言而喻，也是维护劳资双方权益、确保劳动关系和谐稳定的法律基础。改革开放前夕，我国各类组织，包括政府机关、事业单位以及国有和集体企业，普遍采用固定用工模式。随着我国市场经济体制转型的推进，企业用工制度经历深刻变革，实现了从计划经济下的用工模式向市场用工机制的转变，从传统的固定工制度逐步过渡到劳动合同制度。我国的劳动合同制度调整可大致分为三个阶段。

1. 试行劳动合同制

在改革开放初期阶段，我国的社会经济体系由传统的计划经济管理模式向现代市场经济体制初步转型，国家经济发展路径发生了根本性转变与重构。这一时期，既有的固定用工模式已日益与经济快速发展不相适应。1980年，深圳率先试行了劳动合同制度。1983年2月，原劳动人事部发布《关于积极试行劳动合同制的通知》规定，无论是全民所有制性质的企业单位，还是县、区级及以上的集体所有制组织，在招募新员工时，均须遵循法律程序，与受聘者签订具备法律约束力的劳动合同。这一政策为劳动合同制度在我国全面推广奠定了坚实的政策基础。1986年，国务院颁布了《国营企业实行劳动合同制暂行规定》，明确国营企业对于常年性职位的招聘，应全部采纳劳动合同制作为用工形式。同时发布的还有《国营企业招用工人暂行规定》《国营企业辞退违纪职工暂行规定》《国营企业职工待业保险暂行规定》三个文件。这些法规成为当时劳动用工制度改革的重要组成部分。此阶段劳动合同制的试行，不仅标志着对长期固化的用工模式的重大突破，还极大地提高了劳动力市场的流动性与运作效率，为后续更深层次、更广泛的劳动制度改革积累了经验。然而，由于当时社会经济条件限制和制度设计的不足，劳动合同制也暴露出合同签订率不高、合同内容不规范、劳动者权益保障不到位等问题。

2. 逐步推行全员劳动合同制

随着经济结构的持续优化与劳动就业制度的深入变革，我国劳动关系经历了显著的转型与重构，与此同时，国家的法治化建设也不断加速推进。1994年7月5日，《中华人民共和国劳动法》（以下简称《劳动法》）正式通过，标志着中国的劳动用工制度迈入新阶段。《劳动法》规定"建立劳动关系应当订立劳动合同"，在全社会范围内推广并实施劳动合同制度。为确保《劳动法》得到有效贯彻与落实，原劳动部于同年8月24日发布了《关于全面实行劳动合同制的通知》，进一步细化了《劳动法》中关于劳动合同制度的具体要求，并号召全国各地积极行动起来。该通知为全员劳动合同制度提供了详尽的指导方针与强有力的制度保障。全员劳动合同制度加快了中国劳动用工制度体系向法治化、标准化轨道迈进的脚步。劳动合同不仅为保护劳动者的各项合法权益构筑起一道坚实的法律防线,还为构建更加公正、透明、可持续的劳动力市场奠定了坚实的基础。

3. 完善与深化劳动合同制

尽管《劳动法》的颁布为构建统一的劳动合同制度构筑起坚实的法律框架,但在其贯彻执行的过程中仍面临一些挑战,比如劳动关系长期化但合同短期化以及合同订立与执行过程中出现不规范现象。尤其是在制造产业和建筑行业中的非公有制企业,存在劳动合同签订率低、过度劳动、同工不同酬等现象,侵害了劳动者的合法权益。

针对存在的一系列问题与挑战,我国于2007年正式颁布了《中华人民共和国劳动合同法》(以下简称《劳动合同法》),就劳动合同的订立、试用期限制、试用期间最低工资标准、无固定期限劳动合同的适用条件以及合同终止时企业应尽的义务等多个维度进行规定。其核心在于强化对劳动者合法权益的法律保障,彰显国家致力于构建并维护和谐稳定劳动关系的立法初衷。总体而言,该法律的实施提升了劳动者的受法律保护水平,通过强化法律监管的刚性约束,保障劳动合同的规范化普及,确保劳动力就业的稳定和规范,解决了工作时间长、劳动报酬低、失业率高和劳动力市场分割等问题。

面对《劳动合同法》的实施,部分企业和雇主认为该法过度保护劳动者权益,给企业带来了额外的经济负担和运营压力。一些企业担心过于严格的劳动合同条款可能导致用工成本攀升,进而削弱企业的运营灵活性与市场竞争力。一些企业开始采用劳务派遣、灵活雇佣等策略,试图规避《劳动合同法》的约束。为有效规范此类行为,确保劳动法规的执行,2012年12月又对《劳动合同法》进行了修订。此次修订的核心在于规范劳务派遣,通过提升劳务派遣机构的设立标准,清晰界定劳务派遣的合法应用范畴与用工比例上限,并强调了"同工同酬"原则。这些举措旨在遏制劳务派遣滥用的现象,推动劳务派遣市场健康、有序发展。

随着劳动合同制度体系的日益健全,劳动者运用法律武器保护权益的意识逐渐增强。这一趋势在《劳动合同法》实施后尤为明显,劳动合同订立与解除、薪资报酬争议、离职权益保障等多个维度的法律纠纷数量显著上升。如图3.1所示,2007年以前,劳动纠纷案件受理量仅呈小幅增长,但自2008年《劳动合同法》正式生效以后,全国范围内受理的劳动纠纷仲裁案件数量激增至693 465件,相较于前一年的350 182件,增长了近1倍,并在之后持续维持一个较高的水平,体现出劳动者法律维权意识的提升与劳动合同法律效应的增强。

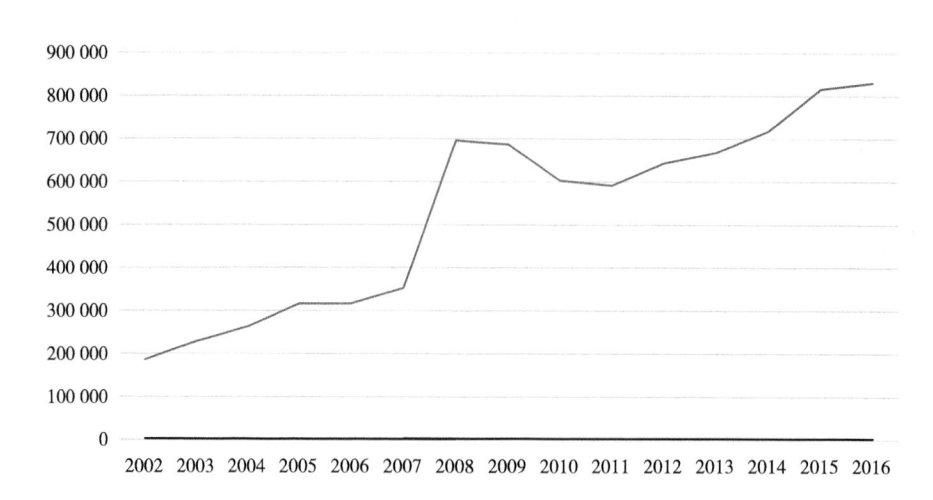

图 3.1　2002—2016 年全国受理劳动纠纷案件数量变化趋势
资料来源：笔者根据 2002—2016 年《中国劳动统计年鉴》公布数据整理得到。

（二）最低工资制度的形成与实施

在我国，为了促进社会收入分配公平，自 1993 年起，最低工资制度开始付诸实践，并在随后几年内逐步深化，最终在《劳动合同法》中得以强化，大体经历了以下三个阶段。

1. 初步明确实行最低工资制度

1993 年，为积极响应社会主义市场经济体制发展的迫切需求，并切实保障广大劳动者的基本生活权益，原劳动部发布了《企业最低工资规定》。此规定明确指出，劳动者在履行法定工作时间或根据合法有效的劳动合同所规定的工作期限内，完成既定的岗位职责与工作任务后，雇主有义务按照相关法律法规的规定，向劳动者支付不低于法定标准的最低劳动报酬，以此确保劳动者获得应有的经济保障。最低工资水平的设定，需综合考量政府统计机构发布的当地劳动者及其家庭基本生活成本、职工薪酬平均水平、劳动生产率指标、城镇就业形势以及宏观经济发展等多重因素。而且在影响最低工资的因素发生变化后，政府可以适时调整，赋予了省级政府在结合本地经济社会发展实际情况下灵活调整最低工资水平的权力。次年，《劳动法》第四十八条及第四十九条明确规定，用人单位向劳动者支付的薪资水平不得低于由地方政府制定的最低工资标准。这一制度旨在防止劳动力市场价格扭曲，进而促进社会整体公平正义的实现，构建和谐稳定的劳动关系。自此，我国最低工资制度初步形成，以广东、吉林为代表的众多省份在 1995 年前后迅速响应，正式对外公布了各自的首个月度最低工资标准。

2. 进一步规范和细化最低工资制度

为了深化对劳动者劳动报酬权益的保障，原劳动和社会保障部于 2003 年底正式颁布《最低工资规定》，自次年3月1日起全面实施。该规定对1993年的《企业最低工资规定》进行了全面升级，同时细化了《劳动法》中相关条款的执行标准。最低工资调整频率的设定由原先的年度至少一次修订为每两年至少一次。此外，该规定也明确指出企业在计算最低工资时需剔除加班薪酬、特定工作环境津贴及非货币性福利等因素。对于违反最低工资支付规定的企业，处罚力度也明显增强，罚款比例由所欠工资额的20%至100%，提升至100%至500%；同时，该规定第五条也确立了月最低工资与小时最低工资两种标准，为不同工时制度的劳动者提供了更为明确的权益保障。规定还确立了最低工资标准的制定原则、程序及调整机制。2004—2009年，我国逐步推进了最低工资制度的实施，并不断完善相关法规和政策。

3.《劳动合同法》强化保障最低工资制度

2008年起实施的《劳动合同法》中嵌入了多项针对最低工资制度的强化性条款，增强了该制度的法律效力。《劳动合同法》第二十条针对试用期员工的薪酬水平做出了明确规定，指出其薪资不得低于该岗位最低档次薪资的基准，或劳动合同中约定的薪资水平的80%，同时还需满足用人单位所在地政府颁布的最低工资标准，从而保障了劳动者的经济权益不受侵害。此外，该法第六十三条还额外强调，对于处于非工作状态下的被派遣劳动者，劳务派遣单位亦需遵循当地最低工资标准的指导原则，按月足额发放其薪酬，体现了对劳务派遣员工权益的同等重视。由于2008年全球性经济危机的冲击，为缓解企业运营压力并促进经济平稳过渡，各地政府于次年（2009年）普遍采取了暂缓上调最低工资标准的措施，以期为企业减负，共同应对挑战。随后经济形势逐步回暖，自2010年起，我国迎来了最低工资标准调整的一轮高潮，最低工资制度进入了快速发展与优化的新阶段。党的十八大报告将全面建成小康社会与提升居民收入水平紧密相连，要求到2020年实现GDP与人均收入相较于2010年翻一番。《关于深化收入分配制度改革的若干意见》也强调，基于经济增长态势、物价变动趋势等核心因素的动态变化，应当采取灵活适时的策略，对最低工资标准进行相应的调整，以确保劳动者的收入水平能够与经济社会的持续进步保持同步增长，从而有效保障劳动者充分分享社会经济发展的成果。

"十三五"时期，按照《中华人民共和国国民经济和社会发展第十三个五年规划纲要》降低实体经济企业成本一节中"合理确定最低工资标准"，降低企业人工成本和完善初次分配制度一节中"完善最低工资增长机制"的要求，各省市对于最低工资标准的调整趋于保守。各地最低工资标准的上调频率出现下降，2019年后，最低工资连续上调的情况未再出现，同时最低工资标准的上调幅度也出现了下滑。2005—2014年，浙江、江苏两省最低工资标准的年均增幅分别为10.5%、10.02%，但到了2015—2024年，浙江、江苏两省最低工资标准的年均增幅分别降至4.82%、3.29%[①]。

随着最低工资体系的优化，我国劳动者的权益保障达到了新的高度。最低工资制度的动态调整机制，不仅保障了低收入人群的物质需求，提升了他们的生活品质与满足感，还间接推动了收入分配格局的合理化，为国民经济的稳健前行注入了积极动力。此外，最低工资标准的不断上调还激发了劳动者的工作热情，为企业的发展提供了有力支持。展望未来，我国最低工资制度将持续深化与完善，确保其能够灵活适应经济社会发展的需要。制定与调整最低工资标准，要综合考量地区经济发展水平、居民消费价格指数、劳动力市场供需态势等因素，既充分保障劳动者的基本需求，又兼顾企业的运营活力与创新能力，实现劳资双赢的和谐局面。

（三）社会保险制度的形成与实施

相较发达国家，中国社会保险制度的形成虽起步较晚，但发展相对较快。纵观我国社会保险体系的演进，可以清晰地划分为以下几个阶段。

1. 计划经济体制下的社会保险体系

新中国成立后，面对战争带来的经济衰退与工人失业危机，政务院于1950年发布了《关于救济失业工人的指示》。次年2月26日，政务院正式颁布了《中华人民共和国劳动保险条例》，其核心聚焦于国有企业职工的养老与医疗保障，同时建立了机关事业单位社会保险与公费医疗制度。

1949—1952年，国家颁布及修订了一系列涉及劳动保险、社会救济、社会福利、社会优待与安置的法律法规，初步构建起一个以职工劳动保险为核心的综合性社会保障框架。至1956年，劳动保险的覆盖面已扩展至约1 600万人口，全国范围内超过94%的国营、公私合营及私营企业员工均纳入了劳动保险体系，签订了含有劳动保险内容的合同或拥有了劳动保险。1958—1966年，社会保障法律制度步入调整优化阶段。1958年，国家颁布《关于工人、职员退休处理的暂行规定》，旨在优化并调整社会保障体系在初创阶段与社会经济发展不相契合的方面，通过确立并实施城镇范围内统一的退休制度，实现企业职工与机关事业单位职工在退休政策层面的统一，促进社会保障体系的公平性，进一步强化其与经济社会发展相协调的能力。此阶段的社会保险制度，以其国家主导、单位管理的模式，展现出良好的运行效能。然而，当时的社会保险制度也存在覆盖范围有限、保险层次单一、保障不全面等问题，但为后续的改革与完善指明了方向。

---

① 详见中华人民共和国人力资源和社会保障部：全国各省、自治区、直辖市最低工资标准情况（截至2024年4月1日）。https://www.mohrss.gov.cn/SYrlzyhshbzb/laodongguanxi_/fwyd/202404/t20240403_516177.html。

2. 深化社会保险制度改革

为顺应城市经济体系与国有企业改革深化的需求，自1986年起，我国逐步启动了退休费用的社会化统筹机制。同年4月，《国民经济和社会发展第七个五年计划》首次引入社会保障的概念，强调需依据经济社会发展的步伐，分阶段构建符合中国国情的社会保障体系。1993年，《关于建立社会主义市场经济体制若干问题的决定》不仅明确了构建多层次社会保障体系的目标，还详细规划了资金来源渠道、保障模式及管理机制，标志着我国社会保障制度改革迈入体系化建设的新纪元。1995年3月，《关于深化企业职工养老保险制度改革的通知》确立了基本养老保险采取社会统筹与个人账户相结合的模式，并倡导探索补充养老保险制度的建立，进一步丰富了养老保障制度。

20世纪90年代后半段，我国社会保障体系改革与构建进程提速，迈入了系统框架构建与完善的关键时期。在基本养老保险方面，2003年起，我国开始探索并试点新型农村社会养老保险（简称"新农保"），经2009年的广泛试点后，2011年将城镇居民养老保险纳入全国推行范畴，最终于2014年实现了城乡基本养老保险制度的全面统一。在医疗保险领域，以1998年城镇职工基本医疗保险制度的正式建立为起点，2002年启动的新型农村合作医疗制度试点及随后的全面铺开，标志着基本医疗保险的覆盖范围由最初的国有、集体企业逐步拓展至覆盖全体人民。在失业保险方面，1999年颁布的《失业保险条例》确保了城镇范围内所有企业、事业单位及其职工均能享受到失业保险的保障。在工伤保险方面，2003年《工伤保险条例》的正式实施，不仅标志着工伤保险迈入了法制化、规范化的崭新阶段，也进一步强化了劳动者的职业安全保障。至"十二五"规划收官，一个覆盖面广、结构层次分明的社会保障体系总体框架已在我国初步形成。

3. 社会保险体系基本框架的确立

2010年10月，我国颁布了《中华人民共和国社会保险法》（以下简称《社会保险法》）。《社会保险法》进一步强化了用人单位的法律义务，确保与雇主建立劳动关系的员工在遭遇劳动能力丧失或失业等困境时，能够获得及时的经济援助。此举不仅体现了对劳动者权益的深切关怀，也彰显了国家对于构建更加公平、可持续社会保障体系的坚定决心。为了保障《社会保险法》的顺利实施，人力资源和社会保障部还颁布了《实施〈中华人民共和国社会保险法〉若干规定》。

《社会保险法》的实施从根本上解决了社会保险制度在以往存在的法律效力不足等问题，全面而详尽地界定了社会保险体系中各参与主体的法定职责与义务，同时列出了针对各类违法及失职行为的相应措施。这不仅确保了劳动者工作权利的基本稳定，还推动了社会生产力的持续增长与经济的稳健运行，为中国社会保险体制的法治化奠定了坚实的基础。

中国社会保险制度经过不断完善和发展，逐渐成为目前世界上规模最大的制度体系。2023年，我国基本医疗保险体系实现了超过95%的全国人口覆盖率，彰显出强大的社会保障功能。与此同时，基本养老保险的参与人数攀升至10.67亿人，覆盖比例达全国总人口的75.7%，显著提升了退休生活的保障水平。在失业与工伤保险领域，参保人数分别达到2.44亿人与3.02亿人，覆盖了七成就业人口。同时，该年度基本养老保险、失业保险及工伤保险三项社会保险基金的综合收入也实现了显著增长，总额达79 710亿元，同比增幅达11.4%，较上一年度增加了8 128亿元。而在支出方面，三项社会保险基金全年共支出71 091亿元，增加4 969亿元，同比增长率为7.5%，并有效保障了各项社会保险待遇的按时足额发放，促进了社会保障体系的可持续发展①。综合来看，中国的社会保险体系已经实现了对国有及私营企业员工、自由职业者、个体工商户以及城乡居民的全方位覆盖，这一成就也标志着我国构建起了一个广泛保障劳动人民基本权益、兼具可持续发展特性的社会保险制度框架，确保社会保险制度能够紧跟时代步伐，有效应对社会经济变迁带来的挑战，为全体国民提供稳定可靠的社会保障。

（四）工会制度的形成与实施

在我国，中华全国总工会及其各级工会组织肩负着代表职工群体利益、依法捍卫职工合法权益的重要使命。《中华人民共和国工会法》（以下简称《工会法》）不仅清晰界定了工会的法定地位，还为其在保障职工权益、推动社会和谐稳定方面构筑了坚实的法律支撑体系。我国的工会制度历经政治经济体制变迁而萌芽成长，其发展历程可划分为三大历史阶段。

1. 社会主义革命与建设时期的工会制度

1949年，随着党的工作重心由农村转向城市，我国工会组织的基本方针、组织原则、组织体系等得到了确立和完善。中华全国总工会在这一时期迅速成长为领导全国工会的核心力量，通过构建地方工会与产业工会相结合的体系，将全国范围内的职工紧密团结在一起。这一体系的建立为我国工人阶级提供了组织保障和坚实后盾。

1950年6月，《工会法》的颁布标志着我国工会制度正式走上法治化轨道。《工会法》明确了工会在国家政治、经济和社会生活中的地位和作用。1953年5月召开的中国工会七大，确立了"以生产为中心，生产、生活、教育三位一体"的工会工作方针。各级工会积极组织职工参与生产劳动，同时关注职工的生

---

① 数据来源于人力资源和社会保障部发布的《2023年度人力资源和社会保障事业发展统计公报》。

活和教育问题，努力构建和谐的劳动关系。工会在这一时期的探索和实践为其后来的发展积累了宝贵经验。在计划经济体制下，工会的主要职能不可避免地带有浓厚的政治色彩，其工作重心往往围绕政治任务展开，对职工经济权益的维护相对有限。

2. 改革开放和社会主义现代化建设新时期的工会制度

1992年，我国正式确立了社会主义市场经济体制，非公有制经济跃升为市场经济体系中不可或缺的组成部分。为积极适应这一经济体制转型的需要，同年4月，修订的《工会法》应运而生，为工会组织在国家政治、经济发展以及社会生活各领域发挥积极作用奠定了法律基础。进入21世纪，为进一步强化工会组织的法律地位与功能，2001年10月27日，第九届全国人民代表大会常务委员会第二十四次会议审议并通过了《工会法》修正案。同时，依据该法律对《中国工会章程》进行了相应的修订与完善。我国工会制度在现代化进程中迈出了重要步伐，初步构建起一套现代意义上的工会制度体系，在此背景下工会的核心职能逐步得以恢复与强化。

这一时期，工会的最初职能逐步恢复并不断拓展，各级工会组织均展现出高度的工作热情，积极参与到与职工切身利益息息相关的法律法规以及政策框架的构建与修订过程中，比如推动工资集体协商机制的建立和完善，努力提高职工的工资收入水平。同时，工会还深入开展送温暖活动，实施职工素质建设工程等，全方位维护职工权益、提升职工素质。面对日益复杂的劳动关系，工会积极发挥桥梁纽带作用，努力构建和谐劳动关系。通过树立"以职工为本，主动依法科学维权"的工会维权观，坚持"促进企业发展、维护职工权益"的企业工会工作原则，工会在用人单位和职工之间搭建起沟通的桥梁。在推动改革、促进发展的过程中，工会始终站在职工一边，为他们争取合法权益、解决实际困难。

3. 中国特色社会主义新时代的工会制度

自党的十八大召开以来，中国特色社会主义事业迈入了一个新时代，也为工会制度赋予了更加丰富的内涵与使命。习近平总书记强调，要坚持党的领导，增强政治性、先进性、群众性；要重点维护职工权益、服务职工群众；要推动工会工作创新发展、提高法治化水平等。各级工会积极响应号召，将理论论述转化为实际行动，特别是针对一线职工、农民工、困难职工等关键群体，实施了一系列精准有效的服务措施。从维护职工劳动就业权益，到加强技能培训、优化收入分配、完善社会保障体系，再到关注职工安全卫生条件，工会工作涵盖了职工生活的方方面面。

为推动工会工作更加贴近职工，各级工会通过建立健全基层工会组织，将其塑造为员工心中可靠且信赖的"温馨港湾"。与此同时，工会探索并实施创新性的工作模式与机制,巧妙融合互联网技术,打造出"互联网+工会"的新型服务模式。此举极大提升了服务职工的即时响应能力、便捷程度及效率,使得工会服务变得触手可及,融入员工日常生活。此外,工会还以实行工会工作社会化为抓手,拓展了联系职工的新途径、新方式,通过加强与政府、企业、社会组织等多方面的合作,凝聚起强大的工作合力,致力于优化员工的工作与生活环境。在全国范围内推进的改革试点工作中,各级工会不仅积极响应变革号召,更在变革中实现了自身的发展。在此过程中,工会始终坚持以党的政治建设为引领,全面强化工会系统内党的建设,不断推动工会工作在法治轨道上稳健前行,显著增强了工会组织在维护劳动者合法权益方面的核心功能与广泛影响力,成为促进社会和谐稳定的重要力量。

表3.2梳理了我国劳动保护政策的形成过程。

表3.2 我国劳动保护政策形成过程中的重要政策与规定

	重要政策与规定	主要内容	影响
劳动合同制度	1983年《关于积极试行劳动合同制的通知》	全民所有制单位和集体所有制单位需与被招人员签订具有法律效力的劳动合同	打破固定工制度的束缚,提高劳动力市场的灵活性和效率
	1986年《国营企业实行劳动合同制暂行规定》	国营企业常年性工作岗位上的工人,除国家另有特别规定者外,统一实行劳动合同制	
	1994年7月《中华人民共和国劳动法》第三章	建立劳动关系应当订立劳动合同,对劳动合同订立条款、无效、终止和解除的具体情况进行规定	推动劳动用工制度的法治化进程,劳动者合法权益得到了有效保障
	1994年8月《关于全面实行劳动合同制的通知》	各地要贯彻实施《劳动法》中的规定	
	2007年《中华人民共和国劳动合同法》	明确规定劳动合同的订立、约定试用期的限制、试用期最低工资要求、无固定期限劳动合同的适用等方面	确保劳动力的就业稳定和规范,解决工作时间长、劳动报酬低、失业率高和劳务派遣滥用等问题
	2012年《劳动合同法》重新修订	明确劳务派遣的适用范围和比例,被派遣劳动者享有与单位同岗位劳动者同工同酬的权利	
最低工资制度	1993年《企业最低工资规定》	劳动者在法定工作时间或依法签订的劳动合同约定的工作时间内提供了正常劳动的前提下,用人单位依法应支付最低劳动报酬	规定最低工资制度在我国初步确立实行,防止工资水平过低导致劳动者生活困难,促进社会公平正义与劳动关系的和谐稳定
	1994年《中华人民共和国劳动法》第四十八条、第四十九条	国家实行最低工资保障制度,明确制定和调整最低工资的标准	

续表

	重要政策与规定	主要内容	影响
最低工资制度	2004年《最低工资规定》	规定最低工资标准的制定原则、程序及调整机制，各省、自治区、直辖市在《最低工资规定》的框架下，制定各自的最低工资标准	为各地制定和实施最低工资标准提供法律依据，保障劳动者获取工资的合法权益
	2007年《中华人民共和国劳动合同法》第二十条、六十三条	用人单位不得低于当地最低工资标准支付劳动者工资，并对劳动者在试用期以及劳务派遣中的工资做了明确规定	强化保障最低工资制度，促进了收入分配结构的优化和国民经济的健康发展
社会保险制度	1951年《中华人民共和国劳动保险条例》	建立国有企业职工的养老保险和医疗制度，以及机关事业单位的养老保险和公费医疗制度	国家出资、单位管理，新中国劳动保险制度正式建立
	1958年《关于工人、职员退休处理的暂行规定》	建立城镇统一的退休制度，统一企业职工和机关单位职工的退休政策	
	1993年《关于建立社会主义市场经济体制若干问题的决定》	建立多层次的社会保障体系，对资金来源、保障方式、管理机构等问题做了具体阐述	
	1995年3月《关于深化企业职工养老保险制度改革的通知》	确立社会统筹和个人账户相结合的基本养老制度框架	社会保障制度改革进入体系建设的新时期，社会保障体系总体框架初步形成
	1998年《关于建立城镇职工基本医疗保险制度的决定》	城镇所有用人单位及其职工，都要参加基本医疗保险。乡镇企业及其职工、城镇个体经济组织业主及其从业人员是否参加，由各省、自治区、直辖市人民政府决定	
	1999年《失业保险条例》	城镇企业事业单位与职工依照条例，缴纳失业保险费。城镇企业事业单位失业人员依照条例的规定，享受失业保险待遇	
	2003年《工伤保险条例》	用人单位和职工应当预防工伤事故发生，避免和减少职业病危害。职工发生工伤时，用人单位应当采取措施使工伤职工得到及时救治	
	2010年《中华人民共和国社会保险法》	明确社会保险的作用、保障范围、缴纳和发放情况等，强调职工应参加社会保险。由用人单位和职工按照国家规定共同缴纳社会保险的多数项目	确定了社会保险相关各方的法律责任，保障了劳动者的基本权利

续表

	重要政策与规定	主要内容	影响
工会制度	1950年《中华人民共和国工会法》	明确工会在国家政治、经济和社会生活中的重要地位和作用	工作重心主要围绕政治任务展开,对职工经济权益的维护相对有限
	1992年《中华人民共和国工会法》修订	工会通过平等协商和集体合同制度,协调劳动关系,维护企业职工劳动权益;通过职工代表大会或其他形式,组织职工参与民主决策、民主管理和民主监督;必须全心全意为职工服务	初步建立了现代意义上的工会制度,工会的最初职能逐步恢复
	2011年《中华人民共和国工会法》修正案	维护职工合法权益、竭诚服务职工群众是工会的基本职责。工会要推动产业工人队伍建设改革,维护产业工人合法权益	

资料来源:笔者根据中国政府网以及国家法律法规数据库的相关资料整理。

三、企业内部党组织参与公司治理的制度保障

企业在经济活动中扮演着至关重要的角色。1954年,中共中央在全国国营企业体系内引入了厂长负责制。次年,党内围绕此制度展开了深入辩论,部分声音担忧"一长制"可能削弱党的领导地位,提出企业党委应作为领导中枢,在企业中实施全面且集体的领导策略,覆盖企业运作的方方面面。鉴于此,1956年中共中央决定废止"一长制",转而推行"党委领导下的厂长负责制",确保企业重大生产经营及行政议题均经党委审议后决策,从而构建了自中央至企业基层,以党为核心的高度集中、系统完备的经济工作架构。

计划经济时期,资源配置依赖于计划手段,抑制了企业与劳动者的积极性,国民经济整体活力受限。这一时期,党政职能界限模糊,政企不分的状况也普遍存在,政府经济管理部门既承担行业监管职能,又直接介入企业微观经济决策,导致角色冲突。经济管理体系内的条块分割则进一步造成了地方与部门间的经济壁垒,导致资源重复配置与建设。此外,分配机制上的平均主义倾向,导致缺乏激励机制,阻碍了经济发展与技术进步的步伐。

这一系列经济体制的调整与尝试,经历着"权力下放与回收"的往复循环,未能从根本上打破既有框架束缚,最终导致经济体系整体效益的持续低迷。至20世纪70年代末期,国民经济面临严峻挑战,迫切需要体制改革。

(一)起步阶段(1978—1984年)

自1978年中国共产党第十一届中央委员会第三次全体会议至1984年第十二

届中央委员会第三次全体会议,党开始对经济体制进行改革。1978年党的十一届三中全会引领我国经济体制的改革,明确了党在经济工作体制改革中的指导原则。1980年8月,中共中央政治局通过了邓小平同志关于《党和国家领导制度的改革》。邓小平同志认为:"主要的弊端就是官僚主义现象,权力过分集中的现象,家长制现象,干部领导职务终身制现象和形形色色的特权现象。"他进一步指出,权力集中过度的现象,常表现为在强化党的一元化领导名义下,不当地将各种权力无差别地集中于党委,而党委权力又往往进一步集中于少数几位书记,特别是第一书记之手,形成了一种凡事皆需第一书记主导决策的局面,实则削弱了集体领导的原则,将党的一元化领导异化为个人领导。鉴于此,邓小平同志强调,当前亟须明确任务,即持续清除思想政治领域残留的封建主义影响,并在制度层面实施一系列根本性改革。为此,他提出了涵盖多方面的改革举措,其中一项重要内容是"有准备、有步骤地改变党委领导下的厂长(经理)负责制,逐步实行工厂管理委员会、公司董事会、经济联合体的联合委员会领导下的厂长(经理)负责制",旨在构建更为民主、高效的企业管理架构。

1980年初,国务院颁布了《关于实行"划分收支、分级包干"财政管理体制的暂行规定》,界定了中央与地方政府在财政收支上的职责界限,并依据既定的经济管理体系层级,推行了分级负责的财政管理模式。此举不仅深刻触及了财政收支架构、财权分配及财务资源配置的革新重组,还广泛涵盖了基础设施、物资调配、企业及事业单位管理机制的全面调整与优化,标志着我国财政经济管理体系迈向了一个崭新的发展阶段。

1983年,国家在前期试点经验的基础上,对国有企业启动了利改税的重大改革。该改革的核心在于将国有企业原本直接向国家上缴的利润转变为依据55%的统一税率缴纳企业所得税。根据国家规定标准,部分税后利润留归企业自主支配,而剩余部分则通过调节税、固定比例、递增包干、定额包干等多种机制上缴至国家财政。对于小型国有企业,其盈利依据八级超额累进税率纳税,税后所得利润大多留作企业自身发展之用;而对于微利或亏损企业,则实施盈亏包干制度。1984年,进一步深化了利改税的第二阶段改革。这一系列改革举措,旨在推动国有企业逐步转型为自主决策、自负盈亏的市场主体,进而稳固并规范国家与企业间的经济利益分配关系,为国有企业的现代化转型奠定制度基础。

(二)确立阶段(1984—1992年)

1984年中国共产党第十二届中央委员会第三次全体会议至1992年中国共产党第十四次全国代表大会,党引领经济工作体制改革进入第二个关键阶段。

1984年10月,党的十二届三中全会召开,通过了《中共中央关于经济体制改革的决定》,该决定系统性地阐述了改革的前进路径、本质属性、核心使命以及一系列基本战略与政策导向。

1986年初，中共中央与国务院做出关于坚决制止党政机关和党政干部经商办企业的10项决定，这一原则性立场进一步巩固了党对经济工作体制的领导。同年9月，中共中央与国务院又相继颁布了《全民所有制工业企业厂长工作条例》《中国共产党全民所有制工业企业基层组织工作条例》《全民所有制工业企业职工代表大会条例》三项重要法规，明确规定了全民所有制工业企业的管理模式实行厂长负责制，厂长作为企业的法定负责人，依法履行其作为法人代表的职责与权力。依据上述条例赋予的职权范围，厂长全面负责并主导企业的生产经营活动，确保企业运营的高效与规范。

企业领导体制的一项关键性革新聚焦于厂长制度的转型，这一转型在全民所有制工业企业中尤为关键。在此类企业中，厂长不仅是引领企业发展的核心，更承载着法律的责任，为企业的法定代表人。1988年3月颁布的《中华人民共和国全民所有制工业企业法》从法律层面确定了厂长负责制，标志着企业领导权责体系的重大调整。这一变革，即由厂长负责制取代原有的党委领导下的厂长负责制，不仅是党领导经济工作体制深化改革的重要一环，也是在企业这一经济活动的基础层面上党对经济工作领导模式的最为深刻的变革，确立了厂长在企业经营管理中的核心领导地位。

1986年12月，国务院发布的《关于深化企业改革增强企业活力的若干规定》中强调，根据所有权与经营权分离的原则，给经营者充分的经营自主权，是深化企业改革、增强企业活力的重要内容。全民所有制小型企业可积极试行租赁、承包经营。全民所有制大中型企业要实行多种形式的经营责任制，各地可以选择少数有条件的全民所有制大中型企业进行股份制试点。租赁制、承包制及股份制开始在企业改革等新兴领域释放活力。

1987年10月召开的中国共产党第十三次全国代表大会明确提出了一种新型的社会主义经济模式——有计划的商品经济体制。该体制强调计划与市场机制的有机结合，旨在构建更为高效、灵活的经济运行框架。这一模式通过国家层面的宏观调控来引导市场走向，进而使市场在资源配置中对企业发挥指导作用。同时，大会指出，党对经济工作的领导体系需将经济体制与政治体制紧密融合，二者相辅相成，共同驱动党领导经济工作体制的深度变革。

随着经济体制改革的步伐持续加快，社会主义经济体系中的基础层面与上层建筑之间的矛盾日益显现，需要进行更为深刻的调整与优化。为积极响应党的十三大提出的战略部署，1988年3月，第七届全国人民代表大会召开，通过了国务院机构改革方案。此次改革的核心目标在于精简政府对微观经济活动的直接干预权限，转而强化其宏观调控与指导作用，旨在解决长期以来存在的政府机构设置冗余、职能交叉以及行政效能不高等问题，从而为经济体制改革的深入推进扫清障碍，确保经济体制与政治体制的协同并进。

1992年，邓小平同志相继在武昌、珠海及上海等城市发表具有深远影响的系列讲话，其核心在于彻底清除对于经济体制改革在思想观念与认知层面上的障碍，为后续的深化改革奠定坚实的思想基础。同年召开的党的十四大正式确立了社会主义市场经济体制作为我国经济体制改革的目标。这一里程碑事件标志着党对经济工作领导体制的改革进入了一个崭新的历史阶段。大会的报告中明确指出，中国经济体制改革的目标是建立社会主义市场经济体制，该体制的核心在于确保市场在社会主义国家的宏观调控框架内发挥对资源配置的基础作用，引导经济活动严格遵循价值规律，灵活适应市场供求关系的动态变化，从而明确了我国经济体制改革的方向——社会主义市场经济体制。这一关键性突破，不仅为党领导经济工作体制的改革清晰指明了方向，也标志着我国经济体制改革迈入了新时期。

（三）社会主义市场经济体制形成阶段（1993—2001年）

1993年，中国共产党第十四届中央委员会第三次全体会议审议并通过了《中共中央关于建立社会主义市场经济体制若干问题的决定》。该决定深刻阐述了国有资产管理的新架构——"实行国家统一所有、政府分级监管、企业自主经营的体制"，并倡导依据政府社会经济治理职能与国有资产所有者角色分离的原则，深入探索国有资产高效管理与运营的创新模式与路径。此外，该决定还提出所有权与经营权相分离的原则，即"出资者所有权与企业法人财产权分离"，标志着国有企业改革的方向聚焦于构建适应市场经济需求的现代企业制度。自此，"三级体制"的国有资产经营管理体系逐步成形，并通过法律途径明确了公司主体的法律地位与权益保障。尽管体制变革带来了诸多积极变化，但党委在国有企业重大经营决策中仍保有重要的参与权与影响力，以确保改革进程中的政治方向与战略引领。

1995年党的十四届五中全会提出"把专业经营管理部门逐步改组为不具有政府职能的经济实体，或改为国家授权经营国有资产的单位和自律性行业管理组织"。此次会议审议了《中共中央关于制定国民经济和社会发展"九五"计划和2010年远景目标的建议》，该建议特别强调了深化配套改革的关键环节，即构建一套权责界限清晰、监管与运营体系完备的国有资产管理体系，明确提出了政企职能分离的建议。

1997年，中共中央发布《关于进一步加强和改进国有企业党的建设工作的通知》，该文件聚焦于企业领导班子的构建与优化，同时也为下岗职工创造再就业机遇。针对长期以来国有企业内部党组织隶属关系模糊不清的问题，比如在企业资产重组背景下如何妥善安排党组织归属，该通知进行了全面梳理与重新界定，为国有企业党建工作的规范化、制度化发展奠定了坚实基础。

进入1997年后，探索企业党组织如何在现代企业管理框架下有效发挥其政治引领与核心作用成为主要议题。1999年，党的十五届四中全会明确指出，"国有独资和国有控股公司的党委负责人可以通过法定程序进入董事会、监事会，董事会和监事会都要有职工代表参加"，重申了"坚持党的领导，发挥国有企业党组织的政治核心作用，是一个重大原则，任何时候都不能动摇"。

2000年10月，中国共产党第十五届中央委员会第五次全体会议审议了《关于制定国民经济和社会发展第十个五年计划的建议》，该建议将国有企业改革置于经济体制改革的核心地位，强调国有大中型企业需深化内部机制变革，旨在构建产权界定清晰、权责分配明确、政企关系分离、管理高效科学的现代企业制度，并进一步完善企业法人治理结构，使企业成为市场竞争中的主导力量。同时，建议积极探索国有资产管理的创新路径，建立健全监督体系，并鼓励国有大中型企业通过规范上市、中外合资等形式推进股份制改革，以更加开放和灵活的姿态激发国有企业活力。

（四）深入探讨适合我国国有企业公司治理结构的阶段（2001—2012年）

"交叉任职"的构想源于1993年9月胡锦涛同志在国有企业党建座谈会上的提议。2004年发布的《中央组织部、国务院国资委党委关于加强和改进中央企业党建工作的意见》中正式提出"双向进入，交叉任职"这一制度。中国共产党第十六次全国代表大会召开之后，国有企业治理升级成为党和政府工作的焦点，并且被视为深化国企改革的核心驱动力，凸显了完善这一领域治理机制的战略意义。在此背景下，国务院国有资产监督管理委员会积极行动，进一步强化和完善公司治理结构。

2002年11月，党的十六大对党章进行修订，新的党章第三十二条明确指出："国有企业和集体企业中党的基层组织，发挥政治核心作用，围绕企业生产经营开展工作。保证监督党和国家的方针、政策在本企业的贯彻执行；支持股东会、董事会、监事会和经理（厂长）依法行使职权；全心全意依靠职工群众，支持职工代表大会开展工作；参与企业重大问题的决策；加强党组织的自身建设，领导思想政治工作、精神文明建设和工会、共青团等群众组织。"此番修订不仅概括了党组织在企业中的政治核心作用，更从制度层面巩固了其在企业治理结构中的核心地位，为党组织充分发挥其独特优势与功能奠定了坚实的基础，从而实现了党的优良传统与企业发展的深度融合与相互促进。

2004年3月，中华人民共和国第十届全国人民代表大会第二次会议对宪法进行了修订。此次修订不仅将中国共产党辉煌的历史成就与现实核心地位写进宪法序言中，还通过宪法条文正式确立了党作为国家领导核心的法定地位，进一步巩固了党在国家政治中的核心支柱作用。同年 10 月，中共中央办公厅发布了《中央组织部、国务院国资委党委关于加强和改进中央企业党建工作的意见》，该意见概括了中央企业党委会的职责范畴，特别指出股东会及董事会层面决策过程中存在的问题，为中央企业党建工作指明了方向。

2005 年 10 月 27 日，全国人民代表大会常务委员会对《公司法》进行了全面而深入的修订，不仅确认了党组织在公司治理中的合法地位，还通过一系列条款进一步巩固了这一地位。具体而言，原《公司法》第十七条规定"公司中中国共产党基层组织的活动，依照中国共产党章程办理"。而修订后的《公司法》第十九条规定："在公司中，根据中国共产党章程的规定，设立中国共产党的组织，开展党的活动。公司应当为党组织的活动提供必要条件。"这一修订体现了法律对党组织在公司内部参与经营治理活动的保护。

2007 年 10 月，中国共产党召开了第十七次全国代表大会，会议期间，党章迎来了又一次重要修订。新修订的党章开篇即指出：中国共产党是中国工人阶级的先锋队，同时是中国人民和中华民族的先锋队，是中国特色社会主义事业的领导核心……代表中国最广大人民的根本利益。此外，新党章第三十二条详尽规定了党组织在国有企业与集体企业中的职能定位与运作模式：国有企业和集体企业中党的基层组织，发挥政治核心作用，围绕企业生产经营开展工作。保证监督党和国家的方针、政策在本企业的贯彻执行；支持股东会、董事会、监事会和经理（厂长）依法行使职权……参与企业重大问题的决策。这次修订为国有企业与集体企业中党委会参与公司治理提供了明确的内容指引与方式规范，进一步强化了党组织在企业治理结构中的关键地位与作用。

（五）经济新常态阶段（2013 年至今）

2012 年之后，中国特色社会主义步入了新时代，国有企业改革也进入了崭新的发展阶段。在这一阶段，党组织在国企治理中的核心地位和作用得到了前所未有的强调和体现，不仅为国企的健康发展提供了坚强的政治保障，也为中国特色社会主义市场经济的进一步完善和发展注入了新的活力。

经济新常态阶段的重要性体现在三个方面：首先，随着经济全球化的深入发展，国有企业面临着更为复杂和多变的国际环境。如何在激烈的全球竞争中保持竞争优势，实现可持续性发展，成为国有企业面临的重要挑战，加强党的领导，确保国有企业朝着正确的发展方向前行，显得尤为迫切。其次，随着市场经济体制的进一步完善，我国经济体制已经基本确立，但仍存在一些尚待完善之处。尤其是在国企治理方面，如何更好地发挥党组织的领导作用，实现国企的规范运作和高效发展，成为亟待解决的问题。最后，随着党的十八大以来国有企业改革的不断深化，国有企业改革进入攻坚阶段和深水区。面对复杂的改革任务，加强党的领导、确保改革沿着正确的方向前进，成为国企改革成功的关键。

2012年11月党的十八大以来，针对国有资产监督机制不健全导致的国企高管腐败和国有资产流失问题，党中央加大了对国企的反腐力度。与此同时，我国经济也进入了转方式、调结构、增动力的新常态时期，在此背景下，党组织在国企中的重要性被再次强调，并确立了"党管国企"的改革路线。这具体体现在两个方面：一是党组织参与公司治理得到强化；二是党组织自身职能进一步深化落实。相关文件，如2013年中央办公厅《中央组织部、国务院国资委党委关于中央企业党委在现代企业制度下充分发挥政治核心作用的意见》对党的政治核心作用提出了详细意见。

2015年8月，中共中央、国务院在《关于深化国有企业改革的指导意见》中再次明确"坚持党对国有企业的领导……是深化国有企业改革必须坚守的政治方向、政治原则"，强调"把加强党的领导和完善公司治理统一起来……创新国有企业党组织发挥政治核心作用的途径和方式"，"企业党的建设全面加强……国有企业党组织在公司治理中的法定地位更加巩固，政治核心作用充分发挥"。

2015年9月，中共中央办公厅印发的《关于在深化国有企业改革中坚持党的领导加强党的建设的若干意见》进一步强调从严治党，加强国企中党建工作及具体纪律建设。

2016年10月，习近平总书记在全国国有企业党的建设工作会议上的讲话明确"坚持党的领导、加强党的建设是国有企业的独特优势"，"坚持党对国有企业的领导是重大政治原则……做到组织落实、干部到位、职责明确、监督严格"。

2017年10月，习近平总书记在党的十九大报告中指出，"党政军民学，东西南北中，党是领导一切的"，"坚持党对一切工作的领导"。

这一阶段，上市国企除了进一步深入推进党组织参与公司治理的"双向进入、交叉任职"外，还逐渐将党建工作写入公司章程，如一汽轿车、一汽夏利、一汽富维、宁夏建材均将党建工作纳入章程，党组织对国有企业的领导实现常态化并深度落实。

这一阶段的主要特点包括：第一，领导地位更加明确。党组织在国企治理中的领导地位得到了更加明确的体现。习近平总书记在全国国有企业党的建设工作会议上强调，坚持党的领导、加强党的建设，是我国国有企业的光荣传统，是国有企业的"根"和"魂"，是我国国有企业的独特优势。这一论述为党组织在国企治理中的领导地位提供了有力的理论支撑。第二，参与方式更加规范。为推动党组织参与公司治理的方式更加规范，政府出台了一系列政策文件，明确提出了党组织在国企中的政治核心地位和作用，并要求国企加强党建工作。此外，还提出了"双向进入、交叉任职"的领导机制，为党组织积极参与公司治理提供了具体的制度保障和操作指引。第三，治理效果显著提升。党组织参与公司治理的效果显著提升，通过加强党的领导，国企在经营管理、创新发展、风险防控等方面都取得了显著成效。特别是在国际竞争中，国企展现出了强大的竞争力和影响力，为中国经济的发展做出了重要贡献。

这一阶段的具体实践包括：首先，在国企中普遍加强了党组织建设，通过完善党组织机构、加强党员队伍建设、提高党组织领导水平等措施，确保党组织在国企治理中的领导地位和作用得到有效发挥。其次，国企普遍完善了公司治理结构，通过建立健全董事会、监事会、经理层等治理机构，明确各自的职责和权力边界，形成了科学有效的决策机制和监督机制。同时，也加强了党组织与治理机构之间的沟通协调，确保党组织的决策能够得到有效执行。再次，国企普遍注重创新发展，并且着力培育具备创新能力的人才资源。最后，国企普遍注重风险防控，通过建立健全风险管理体系、加强风险预警和处置能力等措施，有效防范和化解各类风险隐患。与此同时，加强廉洁文化建设，打造风清气正的国有企业发展氛围。

虽然通过加强党的领导和党建工作，国企在新发展阶段的经营管理、创新发展、风险防控等方面都取得了显著成效，但挑战依然存在。例如，部分国企党组织建设仍存在薄弱环节、与现代企业制度相适应的工作制度尚需完善、监督机制有待加强等。这些问题需要我们在今后的工作中加以解决。

表 3.3 总结了与我国国有企业改革治理相关的重要事件和规定。

表 3.3　国有企业改革治理历程中的重要事件和规定

发展阶段	重要事件、文件及内容	领导体制
第一阶段： 起步阶段 （1978—1984 年）	1980 年，邓小平同志在中共中央政治局扩大会议上发表《党和国家领导制度的改革》重要讲话，提出"有准备有步骤地改变党委领导下的厂长负责制、经理负责制，经过试点、逐步推广，分别实行工厂管理委员会、公司董事会、经济联合体的联合委员会领导和监督下的厂长负责制、经理负责制"	党委参与下的委员会领导
第二阶段： 确立阶段 （1984—1992 年）	1984 年，党的十二届三中全会《中共中央关于经济体制改革的决定》进一步强调"政企分开、简政放权" 1986 年 10 月，中共中央、国务院发布《全民所有制工业企业厂长工作条例》、《中国共产党全民所有制工业企业基层组织工作条例》和《全民所有制工业企业职工代表大会条例》，规定全民所有制工业企业实行厂长负责制，厂长作为企业的法定代表人，并行使法人代表职权 1992 年，党的十四大确立了社会主义市场经济体制的目标，明确提出中国经济体制改革的目标是要建立社会主义市场经济体制	厂长负责制

续表

发展阶段	重要事件、文件及内容	领导体制
第三阶段：社会主义市场经济体制形成阶段（1993—2001年）	1993年，党的十四届三中全会《中共中央关于建立社会主义市场经济体制若干问题的决定》明确了党委有重要事项的决策权 1997年，中共中央办公厅《中共中央关于进一步加强和改进国有企业党的建设工作的通知》提出坚持党管干部的原则，党委参与企业重大问题的决策 1999年，党的十五届四中全会《中共中央关于国有企业改革和发展若干重大问题的决定》提出党委负责人可以通过法定程序进入董事会、监事会	党委参与公司重要决策，党管干部
第四阶段：深入探讨适合国有企业公司治理结构的阶段（2001—2012年）	2004年，中共中央办公厅《中央组织部、国务院国资委党委关于加强和改进中央企业党建工作的意见》强调"双向进入、交叉任职" 2002年党章修订、2004年宪法修正以及2005年公司法修订，均突出强调了党的政治核心作用	党委与高管团队"双向进入、交叉任职"
第五阶段：经济新常态阶段（2013年至今）	2013年，中组部、国资委《关于中央企业党委在现代企业制度下充分发挥政治核心作用的意见》详细阐述党的政治核心作用 2015年8月，中共中央、国务院印发的《关于深化国有企业改革的指导意见》明确国有企业党组织在公司法人治理结构中的法定地位 2015年，中央全面深化改革领导小组第十三次会议《关于在深化国有企业改革中坚持党的领导加强党的建设的若干意见》提出从严治党，加强国企中党建工作及具体纪律建设 2016年10月，习近平总书记在全国国有企业党的建设工作会议上的讲话明确"坚持党的领导、加强党的建设是国有企业的独特优势" 2017年10月，习近平总书记在党的十九大报告中提出"党政军民学，东西南北中，党是领导一切的"，"坚持党对一切工作的领导" 2017年10月，《中国共产党章程》修订 2018年9月，证监会发布《上市公司治理准则》新版本，要求党建入章程 2018年10月，《中华人民共和国公司法》修订 2019年11月，《中国共产党国有企业基层组织工作条例（试行）》颁布	党组织内嵌到公司治理结构之中，明确和落实其在公司法人治理结构中的法定地位

资料来源：笔者根据中国共产党新闻网以及中共中央文献研究室的相关资料整理。

第二节 劳动保护与企业创新的理论分析

本节将对本研究的核心概念和主要内容搭建逻辑框架，主要探讨外部产业政策（以政府补贴为代表）与内部政策实施（以党组织参与公司治理为代表）对企业劳动保护以及创新的影响机理，分为以下三个部分：

第一，理论分析政府补贴对劳动保护的作用机理，分别从劳动就业、劳动力结构以及劳动收入份额三个方面进行探讨，并对政府补贴进行分类，探讨不同类型的补贴对劳动保护的影响是否存在差异，提出相应的研究假设（$H_1 \sim H_4$）。

第二，将研究视角转移到企业内部，理论分析企业内部作为政策实施保障的党组织参与公司治理对劳动保护、创新的影响机理，分别从社会责任、公众压力等视角，分析党组织对相关政策实施的保障作用，在企业层面促使国家政策落地。从社会保险投入、人力资本积累、员工内部薪酬差距三个方面，探讨党组织对劳动保护以及创新的作用机制，提出相应的研究假设（H_5）。

第三，在做完前述政策赋能劳动保护的内、外部分析之后，接下来进一步深入劳动保护的具体措施层面，以企业的社保投入为对象，分析在《社会保险法》颁布和实施的背景下，劳动保护对企业创新的影响效果，人力资本积累在其中发挥的中介效应，以及征管体制变化产生的影响，并提出相应的研究假设（$H_6 \sim H_8$）。

具体逻辑框架如图3.2所示。

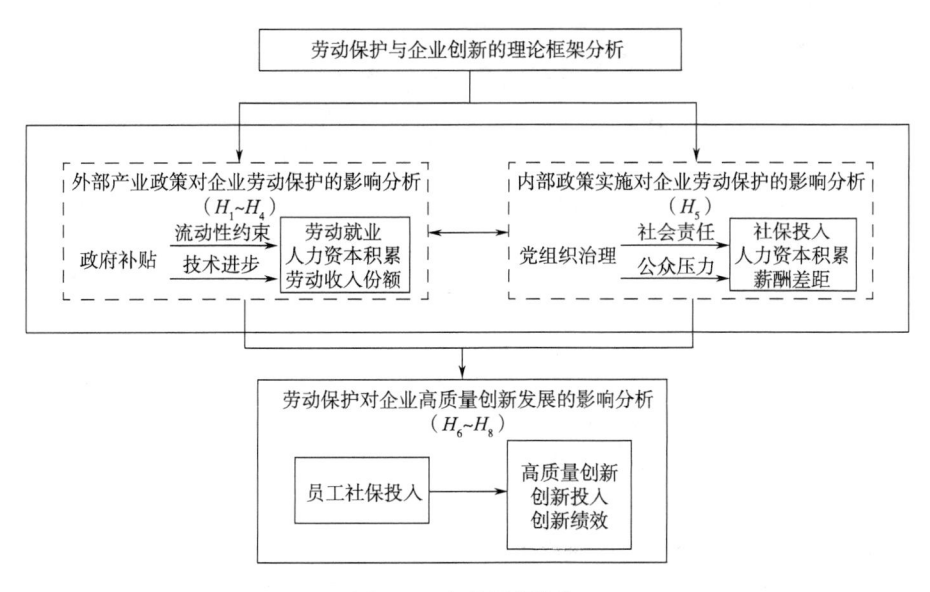

图 3.2 本节逻辑框架

资料来源：笔者整理。

一、政府补贴与劳动保护

(一) 政府补贴与劳动就业

就业与民生福祉及社会稳定密切相关，是民生之本。

首先，为了促使企业提供更多就业机会，中国政府采取了大量补贴措施。通过减轻企业的经济压力、降低雇佣成本，增加企业雇佣规模（许玲玲等，2022）。此外，政府补贴带来的用人成本降低也在劳动力市场上引起了供需效应。当企业因补贴而提高招聘需求时，相对稳定的劳动力市场供给会迅速响应（王帅等，2023），鼓励更多的就业者参与到劳动力市场中。

其次，政府补贴不仅仅是一种提供企业现金流的手段，同时也是一项关键的治理方案，有助于降低企业的资金周转压力并塑造社会信用，从而缓解企业面临的流动性约束（Giannetti et al., 2011）。这种流动性约束是影响企业劳动雇佣决策的一个至关重要的因素。一方面，企业需要确保有持续、充足的内部资金来支付雇佣费用（Serfling, 2016）。另一方面，企业的劳动投入和经营性现金流的转化需要经历一系列复杂的活动，导致雇佣成本支付与企业现金流入之间存在时间差。所以，要保证雇佣活动的正常进行，还需要企业能够获得一定的外部资金支持（Greenwald and Stiglitz, 1986）。从信号传递的视角来看，政府给予企业补贴释放出的支持信号，也可能改变投资者预期，使企业获得外部投资者的青睐，因而外部投资者更有可能将资金投向获得补贴的企业（Takalo and Tanayama, 2010）。这意味着政府补贴可使企业的劳动雇佣活动得到充足的内部和外部资金的支持，从而扩大企业的劳动力雇佣规模。

最后，政府在税收、租金减免以及直接资金补贴等方面采取的措施将进一步激励企业进行研发创新。这样的激励机制将产生技术的进步，从而创造出新的就业岗位，可能进一步扩大企业的雇佣规模。Van Roy 等（2018）的实证研究结果进一步证实了上述理论观点，并明确指出，在高新技术产业领域，技术革新对就业的促进作用尤为突出。技术进步不仅推动了产品的创新发展，也为企业开辟了新的生产服务范畴及新兴产业，这一过程直接催生了众多新增的就业岗位（孙早和侯玉琳，2019）。此外，技术创新所带来的产品单位成本降低使得需求逐渐增加，这种正向的市场反馈使得企业用工需求增加，为更多人提供了就业机会（Robert, 1990）。政府补贴与劳动就业的关系如图 3.3 所示。

基于此，我们提出如下假设：

H_1：政府补贴能够增加企业雇佣规模，促进就业。

政府补贴包括创新补贴和非创新补贴，这两类补贴有不同的目的和对象，因此不能一概而论。

```
                  ┌──────→ 降低劳动力成本 ──────┐
                  │                              ↓
        政府补贴 ──┼──────→ 缓解流动性约束 ──→ 企业雇佣规模
                  │                              ↑
                  └──────→ 促进技术进步 ────────┘
```

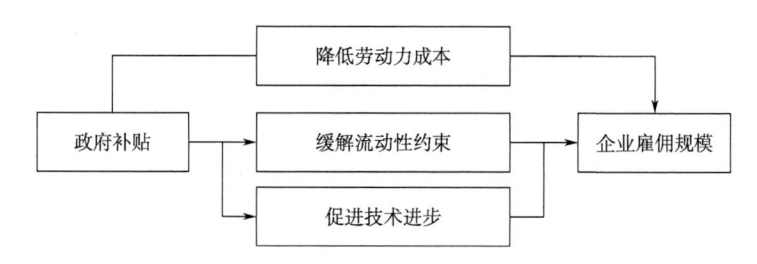

图 3.3　政府补贴与劳动就业的关系

资料来源：笔者整理。

首先，非创新补贴通常包括降低企业用工成本的各种政府支持，如减税优惠、社会保险费用减免、培训津贴等，是一项能够迅速见效的优惠政策，从而激发企业增加用工需求，扩大雇佣规模（严若森等，2023）。相较之下，创新补贴的效果可能需要相当长的时间才能显现出来，因为创新补贴通常涉及与研发投入、技术创新等高层次活动相关的复杂过程（Paraskevopoulou，2012）。这些活动在实施和推广过程中往往需要相当长的周期，其直接的就业效应可能较为滞后。

其次，非创新补贴更具普适性，其种类繁多且没有严格的补贴筛选程序（余明桂等，2010），这使得非创新补贴能够广泛适用于各类产业和企业规模。相反，创新补贴往往更专注于技术密集型行业（Qiao and Su，2021），且对中小型企业的适用性可能较差。中小型企业体量有限，资源约束往往导致其难以承受沉重的研发投资成本，这在很大程度上限制了它们在技术创新领域的投入能力。总体上看，创新补贴在涉及高技术水平和大规模研发的领域中作用更为突出。

基于此，提出如下假设：

H_2：相较于创新补贴，非创新补贴对企业雇佣的促进作用更显著。

（二）政府补贴与劳动力结构

政府补贴的资金不单单在财政援助方面展现出重要性，同时也是关键的信息传递媒介。当求职者在选择雇主过程中面临信息缺失时，企业所获得的政府补贴相当于一种反映政府信任企业技术实力和合规性的信号，有助于提升企业在人力资源市场中的声望和竞争力，进而更有效地吸引更多的优秀人才（郭玥，2018）。

创新补贴作为政府补贴中的关键组成部分（严若森等，2023），旨在激励企业增加创新投入，推动提升创新产出。创新产出的提升在很大程度上又取决于物资资本与人力资本的协同作用（Solow，1956），且人力资本是创新活动的核心要素。一方面，在进行研发和创新活动时，企业通常需要具备较高技术水平和专业知识的员工，他们具备先进的科技知识和专业技能，有能力引领团队进行高水平的研发工作（Chang et al., 2015）。另一方面，创新补贴通过培养创新型人才，间接提高了企业高技能和高学历劳动力的比重。在获得创新补贴的同时，企业可以通过培训和教育计划提升员工的技能水平，使其更具创新潜力。不同于创新补贴，非创新补贴展现出更为宽泛的覆盖范围，它不局限于激励创新的特定环节，而是贯穿企业成长周期的每一个重要阶段。但非创新补贴的目标通常不是鼓励创新，而是帮助那些盈利状况不佳的企业（王红建等，2014），所以其往往并不直接关注企业员工的结构和福利。

基于此，我们提出如下假设：

H_3：相较于非创新补贴，创新补贴会改善企业的雇员结构，即提高企业高技能劳动力和高学历人才的比重。

（三）政府补贴与劳动收入份额

企业劳动收入份额是指企业经济产值中用于支付员工工资和福利的部分。该指标衡量企业在其产值中向员工支付报酬的比例，这个指标的变化可以反映出企业在其经济活动中对于员工的经济贡献和对员工的回报情况（肖土盛等，2022）。低企业劳动收入份额可能意味着企业更倾向于将产值用于其他方面，而不是支付给员工。这种情况可能引发社会对于收入分配不公平的关切，特别是当企业取得较大收益而员工薪酬相对较低时，企业可能面临来自社会的负面舆论和员工的不满情绪，影响企业的声誉和员工的稳定性。

一方面，政府在向企业提供补贴时，其覆盖领域与资金额度均存在限制，这就要求企业遵循相关法律法规框架，确保在申请及使用补贴的过程中保持高度合规性，同时应对政府对补贴项目的审查，保障员工的基本权益，如遵守当地规定的最低工资标准等。最低工资制度是一项调节收入分配的劳动力保障制度，同时也是一项重要的反贫困措施（Macurdy, 2015）。这种制度能够提高企业低收入劳动者的工资水平，增加劳动收入份额。政府补贴还可以通过其他方式间接影响劳动者的工资水平。例如，政府的补贴政策可能促使企业更加注重员工培训和技能提升，提高员工的生产力和价值创造能力（Ni et al., 2023）。由于拥有更高水平的技能和适应能力，劳动者有可能获得更好的工作条件和薪酬待遇，进而推动整体劳动收入份额的提高。

基于此，我们提出如下假设：

H_4：政府补贴会提高企业劳动收入份额。

二、党组织治理与劳动保护、企业创新

在国有企业中，党组织不仅承载着社会责任，还面临着公众舆论，这种双重压力会促进企业更加重视维护员工权益。Lin 等（1998）研究指出，国有企业在国家经济发展、社会就业保障、养老体系构建及社会稳定维护等方面均扮演举足轻重的政策性角色。企业内部党组织的主要职责是"把方向、管大局、保落实",确保党的政策导向与企业运营深度融合,有效落实国家意志与人民福祉的双重目标。这要求国有企业承担起作为社会"公平标杆"的责任,更加注重员工的就业稳定性、劳工保障福利以及社会保障等方面。由于国有企业的政治属性及其对社会效益的不懈追求,这类企业在遵循政府法律法规方面展现出高度的自觉性与合规性。以《劳动合同法》(2008年)与《社会保险法》(2011年)的实施为例,相较于民营企业,国有企业受这些法律政策的影响较小,因为国有企业的社保遵从度普遍高于民营企业,国有企业劳动者的福利保障水平一直都较高,劳动保护制度相对规范(李逸飞等,2023;Cheng,2022)。国有企业在中国通常扮演着社保基金"压舱石"的角色(高奥等,2016)。此外,国有企业党组织的核心职责之一在于协调与整合,即在遵循法律框架的基础上,积极维护公司股东群体,特别是中小股东、员工群体、社会公众以及广泛利益相关者的合法权益。党组织扮演起利益协调者的关键角色,可有效调和各方利益主体间的潜在冲突与分歧,通过妥善解决利益冲突,为企业内部及外部构建一个和谐共生、井然有序的经营环境,进而促进企业的稳健发展与持续繁荣。

党组织可以通过决策流程、人才支持的方式推动企业的创新战略执行。"党管人才"是我国干部管理制度的根本原则,在创新项目执行过程中,党组织可以调动更多的人力资本,积极配合高管的创新战略执行。党组织统一领导人才队伍建设,制定人才政策,主导人才的选拔任用和激励,其参与公司治理能有效结合公司发展和党组织的创新需求,招聘、选拔合适的技术人才,并在考核中考虑创新的风险性特征,给予更多的包容。企业中受过高等教育的员工往往具有人力资本积累优势。这类人力资源并不能以普通劳动力数量进行替代,他们拥有更高的劳动生产效率以及更强的创新能力(Schultz,1961),能够在提升企业经营业绩、促进价值创造和长期发展等方面扮演不可或缺的角色。

党组织能有效缓解企业内部的收入不均问题,进而提升企业的创新能力。研究显示,企业内部的薪酬分配机制与企业的长远发展相关。不合理的薪酬差距会严重打击普通员工的积极性,从而降低员工的工作效率(Guo et al.,2020),最终对企业绩效产生负向影响(高良谋和卢建词,2015)。一方面,党组织建设能够将中国的共同富裕理念内化于企业决策行为中。作为中国式现代化的重要特征,共同富裕是企业进行决策的重要制度背景,影响企业决策目标的选择。习近平总书记明确指出,"共同富裕是全体人民共同富裕,是人民群众物质生活和精神生活都富裕,不是少数人的富裕,也不是整齐划一的平均主义"。共同富裕既不是平均主义,更不能造成两极分化,倡导的是一种基于差异性且不失公正的分享机制，旨在实现社会财富与资源在尊重个体差异的基础上，达成一种合理而有序的分配状态（李实和朱梦冰，2022）。党组织建设使共同富裕战略目标"嵌入"微观企业的经济行为中，并对其产生影响。另一方面，薪酬管制一直是中国国有企业改革进程中重要的一环，党组织会抑制国企高管的超额薪酬，缩小企业内部不合理的薪酬差距（马连福等，2013）。自2008年金融危机以来，随着经营管理层所获报酬逆向超额及运气薪酬等现象的不断加剧，企业内部高管与基层员工薪酬差距的显著扩大，高管薪酬过高引发了社会各界的关注与批评。2009年，人力资源和社会保障部与财政部、国资委等六部门联合发布《关于进一步规范中央企业负责人薪酬管理的指导意见》，核心目标在于建立健全国有企业高管薪酬管理体系，以遏制高管薪酬水平的不合理攀升。2015年，为持续深化国有企业薪酬制度改革，进一步遏制高管薪酬过高的现象，《中央管理企业负责人薪酬制度改革方案》开始实施，该方案在原有基础上进一步优化了薪酬管理机制，力求实现薪酬水平的合理回归。在此过程中，企业内部的党组织扮演着至关重要的角色，它们不仅是党和国家政策方针在企业层面的传达者与执行者，还肩负着确保这些政策在企业运营中得以全面、准确贯彻的重任，积极响应并执行国家关于高管薪酬管控的政策措施，以发挥示范和带头作用。国企在实施"限薪令"后，高层管理人员的超额薪酬水平明显降低，从而增强了国有企业内部薪酬的公平性。公正的员工薪酬待遇提高了员工满意度，并进一步产生对企业有益的互动交换行为，激励员工更积极努力地投入工作，因为那些从企业获得更多福利的员工，会以更多的努力作为回报，从而降低企业与员工间的契约成本（Akerlof，1982）。

虽然也有学者认为员工权益保护会增加企业的用工成本，如为员工缴纳社会保险导致资金大量流出，影响企业资金充足率，在融资受到约束的情况下，挤占企业创新投入，不利于创新（沈永建等，2017）。但是，国有企业在获取资源上具有天然的优势，国有企业的融资约束相对较小（何德旭等，2022），因增加员工权益保护而挤占创新资源的情况不太容易发生。相反，由于创新可能会带来相当大的意外风险和失败，需要关键员工的持续努力，良好的员工权益保护可以促进内部沟通，培养员工的忠诚度，提高员工生产力（Black and Lynch，2004；Bloom et al.，2015；Chen J. et al.，2016）。由于令人满意的工作场所对于提高员工的参与度、留存率和生产力，以及减少员工在完成创新计划时的失败起到了促进作用，我们认为党组织对企业员工的权益保护应该能促进企业的创新。党组织治理、劳动保护与企业创新的关系如图3.4所示。

综上，我们提出如下假设：

H_5：党组织参与公司治理能够促进企业创新。

图 3.4 党组织治理、劳动保护与企业创新的关系

资料来源：笔者整理。

三、社保投入与企业创新

（一）社保投入与创新绩效

在我国经济体系中，企业为员工承担的社会保险费用构成了除薪酬之外的一项关键劳动成本要素，其规模随着劳动力成本的整体攀升而不断增加。尼尔森和史密斯（Nielsen and Smyth，2007）的分析显示，这一成本已占据企业总人力成本结构的40%至50%，成为企业运营不可忽视的财务负担。随着《社会保险法》《劳动法》等相关法律法规的完善，员工权益保护体系日益健全，不仅优化了员工的维权环境，也促使企业必须正视并重视员工权益保障，这带来了劳动力成本的上升，并整体提升了企业的人力成本总额（沈永建等，2017）。社会保险费用的支付会导致企业资金流出，对于持续进行研发创新的企业而言，资金充裕度十分关键。鉴于创新活动普遍具有研发周期长、投入大且成功率不确定等特点，创新过程本身就蕴含着高风险，一旦创新链条断裂，前期巨额投入便可能化为难以回收的沉没成本。而且由于特定资产与技术的专用性强，企业调整或放弃创新也会面临高昂的调整成本。因此，充足的资金储备成为支撑企业创新活动不可或缺的基石（黄速建和刘美玉，2020）。根据优序融资理论，企业在筹措资金时倾向于优先利用内部留存资金，之后再考虑外部融资途径。现有研究表明，自有资金不足是制约企业创新活动的一大瓶颈，在自有资金匮乏时，企业不得不更加依赖债权与股权等外部融资方式。相较于发达国家，我国资本市场发展尚显滞后，外部融资门槛较高，融资渠道受限，导致企业普遍面临融资约束难题，这种融资约束显著抑制了企业的创新能力（张璇等，2017；鞠晓生等，2013）。在此背景下，营运资本管理的重要性凸显，而自有资金则成为缓解外部融资依赖、抵御融资风险、保障研发活动现金流稳定的关键（Brown and Petersen，2010）。然而，社会保险费用的支付会大量消耗企业的自有资金，进一步加剧企业对外部融资的依赖，从而可能对创新绩效产生不利影响。

社会保险费用的支出作为对企业自有资金的一种占用，往往促使企业利用避税等手段减轻自身财务负担。虽然这能够暂时缓解企业资金压力，却在无形中加剧了企业的运营风险，构成了企业创新活动的潜在阻碍因素。魏志华和夏太彪（2020）的研究指出，社会保险费用的缴纳显著影响了企业的内部现金流状况，迫使企业可能采取避税行为以减轻由社会保险负担所带来的财务负担。赵健宇和王文慧（2020）发现，通过降低养老保险的缴费比例，企业能够有效地减少避税行为。缴费比例的削减可为企业注入更多的自有资金，增强其现金流的充裕性，进而降低企业因资金紧张而采取避税策略的动机。

从人力资本理论视角来看，社会保险制度对企业创新绩效的潜在影响呈现出多面性。企业人力资本涵盖管理人员、技术人员及全体员工的知识储备、专业技能与实践能力。陈冬华等（2015）发现，尽管在股东、管理层与员工的层级结构中，员工处于相对底层，但其努力程度与团队协作效能对于实现企业价值与股东价值最大化的目标有着至关重要的作用。进一步地，创新活动以其长期性、高成本投入及多阶段演进的特性，要求企业内不同部门与层级的员工紧密合作，共同推进。尽管员工不直接参与创新决策的制定，但他们在执行决策、贡献创新见解等方面扮演着不可或缺的角色。因此，若企业忽视了员工在此过程中的贡献与支持，即使投入大量创新资源，也可能因缺乏必要的执行力与创意思路而无法有效转化为创新成果（孟庆斌等，2019）。作为企业发展的根基，普通员工，尤其是核心员工，其工作动力与效率深受企业管理策略、组织架构等内部环境因素的影响。王晓云和许家云（2019）的研究表明，通过构建科学合理的制度框架与激励机制，企业能够显著提升员工的工作热情，增强核心员工的心理归属感与公平感，进而提高团队间的协作效率，最终推动创新产出与企业绩效的双重提升。那些重视并善待普通员工的企业，不仅能在资本市场中树立正面形象，吸引投资者的青睐，从而提高企业股价（Edmans，2011），还能通过构建完善的规章制度体系，提升员工的满意度，缓解人才流失问题，为企业的持续创新注入强劲动力（Chen C. et al.，2016）。

鉴于当前相关制度框架尚不健全，企业社会保险缴纳违规现象屡见不鲜。程欣和邓大松（2019）发现，企业实际承担的社会保险费率普遍低于国家法定标准，社会保险投入对企业创新资源的挤出效应并不明显。再者，社会保险的投入层次直接关系到员工未来权益与福利的保障力度。作为企业对员工承诺的关键组成部分，社会保险的投入水平是衡量企业保障能力的重要标尺。投入比例的提升，意味着为员工构筑更加坚实的保障网络，进而增强员工的安全感、归属感及职业稳定性，这不仅有助于降低人才流失率，还构成了对员工的一种非财务性激励，可有效激发员工的工作热情与投入程度。此外，企业在社会保险领域的投入程度，也从侧面反映了其对人力资本价值的重视与尊重，往往能吸引更多高素质人才的加入，推动企业人员结构的优化升级，强化人力资本积累，在劳动力市场中展现更强的竞争优势（程欣和邓大松，2020）。对于个体创业者而言，社会保险也扮演着重要角色，它能在一定程度上缓冲创业失败的风险冲击，提升创业尝试的意愿，进而促进个体创新精神（陈怡安和陈刚，2015），为创业生态注入更多活力与创造力。

鉴于国际与国内环境的演变，我国驱动经济高速增长的"低成本"优势正逐渐消失。在此背景下，社会保险作为劳动力成本不可或缺的构成要素，其占比的提升势必带来企业劳动力成本的攀升，促使企业家将战略重心转向管理与研发的深度升级，以及产业结构的优化调整，力求通过技术革新与效率提升来有效缓解劳动力成本增加所带来的经济压力（林炜，2013）。

因此，当企业加大对社会保险的投入时，首先有助于提升员工的满意度、安全感、忠诚度及职业稳定性，尤其是对于核心员工而言，较高的满意度与忠诚度将对提升企业的整体产出具有深远影响。增加社会保险投入还能增强企业对高质量人才的吸引力，促进人才队伍的扩充与升级，加速企业人力资本的积累，为企业经营绩效与创新能力的提升奠定坚实的人才基础。面对劳动力成本上升的挑战，企业管理者应更加重视技术革新与升级，以此作为应对成本攀升、保持竞争力的关键策略。这种战略调整不仅能够有效缓解劳动力成本上升带来的压力，更能长远地推动企业创新绩效的持续提升。

综上，我们提出如下假设：

H_6：社会保险投入水平越高，企业创新绩效水平也越高。

（二）人力资本积累的中介效应

社会保险投入对企业创新绩效的潜在影响，有待深入探究与验证，从逻辑链条分析，若社会保险投入能有效促进创新绩效，可能会通过对企业人力资本积累产生积极影响来实现。作为员工福利和体系的关键一环，社会保险不仅缓解了劳动者的后顾之忧，还促进了劳动关系的和谐进步。并且社保投入增加通常意味着更高的保障水平，这种非货币形式的激励不仅为劳动者提供了安全感，也激发了他们的工作动力（王晓云和许家云，2019）。一方面，与高管股权激励相比，核心员工持股能显著提升企业的创新能力，表明员工作为创新活动核心参与者的地位。另一方面，社会保险投入的增加能够增强企业吸引并保留高质量人才的能力（程欣和邓大松，2020），如吸引高学历或高职称人才的加入，从而提升企业的整体人才素质。根据相似性理论，当团队成员在教育背景、职业经历等方面具有较高的同质性时，他们在战略决策与执行过程中更易形成共识，减少摩擦，进而提升工作效率与团队协作效率。

综上，我们提出如下假设：

H_7：社会保险投入水平提高企业人力资本积累程度，促使企业创新绩效水平提高。

（三）征管体制改革的影响

近年来，中国正面临日益严峻的人口老龄化趋势，为有效应对挑战，社会保险征缴体系改革成为关键一环。2018年7月颁布的《国税地税征管体制改革方案》，标志着社会保险征缴职能的重大转变，由税务部门全面接管社会保险费的征收工作。这一变革依托税务部门在信息收集、监管手段及法律执行力等方面的优势（沈永建等，2020），旨在有效遏制企业逃避社会保险缴费的行为，进而补充社会保险基金池。一方面，随着征管力度的提高，企业对于社会保险缴纳的重视程度显著提升，缴费行为逐渐规范化。这不仅强化了社会保险作为非货币性福利对员工的正向激励作用，还促进了企业创新绩效的提升（程欣和邓大松，2020；George and Janet，1990）。另一方面，由于征管体系的改变，一些少缴、漏缴企业需要补交巨额社会保险费，会导致自身资金流出增加。根据有效市场假说，市场投资者在预见企业未来现金流减少时，往往会做出负面反应，进而对企业价值造成不利影响。此外，严格的征缴政策加剧了企业资金紧张的状况，增加了对外部融资的依赖，可能在一定程度上削弱了企业在研发与创新方面的投入能力，对创新绩效产生潜在的负面影响（沈永建等，2020）。因此，在社会保险征缴职能向税务部门转移的背景下，在税收征管力度较大的地区，社会保险投入对企业创新绩效的影响将更加显著。

综上，我们提出如下假设：

H_8：征缴机构转变后，在税收征管强度较高的地区，社会保险投入水平对企业创新绩效的影响更为显著。

社保投入、劳动保护与企业创新的关系如图3.5所示。

图3.5　社保投入、劳动保护与企业创新的关系

资料来源：笔者整理。

本章小结

本章首先对我国产业政策、劳动保护相关的制度背景进行了回顾和整理，对政策制定的历史沿革、背景、特征以及实施现状进行了梳理和总结。其次，对作为政策执行制度保障的企业内部党组织参与公司治理的历史沿革进行了梳理。最后，构建了政策赋能、劳动保护与企业创新之间的理论分析框架，提出了本书的主要研究假设。

第四章　政府补贴与劳动保护的实证检验

本章是本书实证研究的第一步，分析以政府补贴为代表的产业政策对劳动保护的影响。首先进行变量说明和模型设计，然后实证检验假设的正确性，并与国外学者的相关研究进行比较，以揭示我国特殊制度背景下政策赋能企业行为的特殊性。

基于第三章第二节的研究框架，本章拟检验以下假设：

H_1：政府补贴能够增加企业雇佣规模，促进就业。

H_2：相较于创新补贴，非创新补贴对企业雇佣的促进作用更显著。

H_3：相较于非创新补贴，创新补贴会改善企业的雇员结构，即提高企业高技能劳动力和高学历人才的比重。

H_4：政府补贴会提高企业劳动收入份额。

第一节　研究设计

一、样本选择与数据来源

由于我国与企业员工人数相关的数据在2013年才开始逐渐完善，因此本章选取2013—2022年沪深A股上市公司作为初始研究样本，剔除金融和保险行业、ST以及样本期内财务数据不全或缺失的样本。为避免极端观测值的影响，对所有连续变量进行上下1%的缩尾处理，最终得到11 653个企业-年份观测值。数据来源于国泰安（CSMAR）、万得（Wind）和CNRDS数据库。

二、变量说明和模型设计

（一）因变量

政府补贴（Sub）通过上市公司年报中营业外收入"政府补贴"明细科目并对其加1后取对数来衡量（杨洋等，2015）。

创新补贴（IS）遵循郭玥（2018）和严若森等（2023）的方法，筛选出创新补贴项目，并对其加1后取对数。

非创新补贴（NS）利用政府补贴总额与创新补贴金额的差值来表示，并对其加1之后取对数。

（二）自变量

本章的自变量为劳动就业相关变量。

借鉴许玲玲等（2022）的研究，企业雇佣规模（$Employ$）用上市公司年报中披露的职工总数除以总资产来衡量。

借鉴刘斌和李磊（2012）的研究，员工素质（Edu）采用企业专科及以上学历员工占比来度量，高技能人才占比（Ht）用技术人员占比来度量。

借鉴王雄元和黄玉菁（2017）的做法，劳动收入份额（LS）用职工薪酬总额与营业收入之比来衡量。

（三）控制变量

参考郭玥（2018）、刘贯春等（2021）的研究，选取的控制变量包括企业资产规模（$Size$）、资产负债率（Lev）、公司经营年限（Age）、资本密集度（$Capital$）、董事规模（$Board$）、股权集中度（$Top10$）、产权性质（SOE）、盈利能力（ROA）、成长能力（$Growth$）。详见表4.1。

表 4.1　变量名称及衡量方法

变量类别	变量名	变量名称	衡量方法
被解释变量	$Employ$	企业雇佣规模	职工总数/总资产
	Edu	员工素质	企业专科及以上学历员工占比
	Ht	高技能人才占比	技术人员占比
	LS	劳动收入份额	职工薪酬总额/营业收入
解释变量	Sub	政府补贴	ln（政府补贴+1）
	IS	创新补贴	ln（创新补贴+1）
	NS	非创新补贴	ln（非创新补贴+1）
控制变量	SOE	产权性质	国有企业取值为1；非国有企业取值为0
	$Size$	企业资产规模	企业总资产的对数
	Lev	资产负债率	总负债/总资产
	Age	公司经营年限	企业成立时长
	$Capital$	资本密集度	固定资产/总资产
	$Board$	董事规模	董事会人数
	$Top10$	股权集中度	前十大股东持股比例之和
	ROA	盈利能力	净利润/总资产
	$Growth$	成长能力	营业收入增长率
	$Industry$	行业	根据证监会2012年制定的分类标准，制造业按前两位代码分类，其他行业按首字母分类
	$Year$	年度	年度虚拟变量

资料来源：CSMAR、Wind 和 CNRDS 数据库。

(四)模型设计

1. 政府补贴影响企业就业模型

为了检验政府补贴对劳动就业规模的影响,构建如下回归模型:

$$Employ_{i,t} = \alpha_0 + \alpha_1 Sub_{i,t} + \sum Controls_{i,t} + \sum Year_{i,t} + \sum Industry_{i,t} + \varepsilon_{i,t}$$
(4.1)

$$Employ_{i,t} = \alpha_2 + \alpha_3 IS_{i,t} + \sum Controls_{i,t} + \sum Year_{i,t} + \sum Industry_{i,t} + \varepsilon_{i,t}$$
(4.2)

$$Employ_{i,t} = \alpha_4 + \alpha_5 NS_{i,t} + \sum Controls_{i,t} + \sum Year_{i,t} + \sum Industry_{i,t} + \varepsilon_{i,t}$$
(4.3)

其中,$Employ_{i,t}$ 为企业雇佣规模,α_1、α_3 和 α_5 分别为政府补贴($Sub_{i,t}$)、创新补贴($IS_{i,t}$)和非创新补贴($NS_{i,t}$)的回归系数。当 α_1 显著为正时,H_1 得到验证,即政府补贴能够增加企业雇佣规模;若 α_5 大于 α_3,则 H_2 得到验证,即非创新补贴对企业雇佣的促进作用更显著。

2. 政府补贴影响员工结构模型

为检验政府补贴对员工结构的影响,构建如下回归模型:

$$Edu_{i,t} = \beta_0 + \beta_1 IS_{i,t} + \sum Controls_{i,t} + \sum Year_{i,t} + \sum Industry_{i,t} + \varepsilon_{i,t}$$
(4.4)

$$Edu_{i,t} = \beta_2 + \beta_3 NS_{i,t} + \sum Controls_{i,t} + \sum Year_{i,t} + \sum Industry_{i,t} + \varepsilon_{i,t}$$
(4.5)

$$Ht_{i,t} = \gamma_0 + \gamma_1 IS_{i,t} + \sum Controls_{i,t} + \sum Year_{i,t} + \sum Industry_{i,t} + \varepsilon_{i,t}$$
(4.6)

$$Ht_{i,t} = \gamma_2 + \gamma_3 NS_{i,t} + \sum Controls_{i,t} + \sum Year_{i,t} + \sum Industry_{i,t} + \varepsilon_{i,t}$$
(4.7)

其中,β_1 和 γ_1 为创新补贴($IS_{i,t}$)的回归系数,β_3 和 γ_3 为非创新补贴($NS_{i,t}$)的回归系数。当 β_1 和 γ_1 显著为正且分别大于 β_3 和 γ_3 时,H_3 得到验证,即相较于非创新补贴,创新补贴会改善企业的雇员结构,提高企业高技能劳动力和高学历人才的比重。

3. 政府补贴影响劳动收入份额模型

为检验政府补贴对员工福利的影响,构建如下回归模型:

$$LS_{i,t} = \mu_0 + \mu_1 Sub_{i,t} + \sum Controls_{i,t} + \sum Year_{i,t} + \sum Industry_{i,t} + \varepsilon_{i,t}$$
(4.8)

其中,μ_1 为政府补贴($Sub_{i,t}$)的回归系数。当 μ_1 显著为正时,H_4 得到验证,即政府补贴会提高企业劳动收入份额。

第二节 实证分析

一、描述性统计

表4.2为描述性统计结果。其中,企业雇佣规模($Employ$)的最大值为2.9074,最小值为0.0265,这意味着样本中上市公司在劳动雇佣方面存在明显差异;政府补贴(Sub)最大值为19.4311,最小值为7.6163,标准差为2.4278,表明企业之间获得的政府补助存在较大差异;资产负债率(Lev)均值为42.95%,说明样本上市公司债务融资占资产比重接近50%;前十大股东持股比例之和平均为58.26%,股权集中度高;成长能力($Growth$)的均值高于中位数,说明样本中多数上市公司成长性低于平均水平。

表4.2 描述性统计结果

变量	N	Mean	Std.	Min	Median	Max
$Employ$	11 653	0.647 4	0.521 2	0.026 5	0.513 2	2.907 4
Sub	11 653	14.698 3	2.427 8	7.616 3	15.066 3	19.431 1
Ht	11 653	0.207 8	0.171 3	0.007 9	0.154 1	0.826 9
Edu	11 653	0.437 7	0.243 3	0.034 9	0.395 4	0.984 4
LS	11 653	0.142 6	0.097 8	0.012 9	0.120 4	0.542 7
IS	11 653	6.218 9	6.805 5	0.000 0	0.000 0	16.914 8
NS	11 653	14.388 0	2.871 3	0.007 5	14.861 8	19.375 3
SOE	11 653	0.450 5	0.497 6	0.000 0	0.000 0	1.000 0
$Size$	11 653	22.323 5	1.240 6	20.027 9	22.171 7	25.935 7
Lev	11 653	0.429 5	0.201 5	0.067 5	0.418 0	0.909 8
Age	11 653	20.695 0	5.588 9	9.000 0	20.000 0	37.000 0
$Capital$	11 653	0.211 3	0.158 3	0.002 2	0.177 2	0.690 5
$Board$	11 653	8.448 1	1.588 4	5.000 0	9.000 0	14.000 0
$Top10$	11 653	58.255 8	15.015 8	24.060 0	58.910 0	90.890 0
ROA	11 653	0.035 2	0.065 5	-0.273 2	0.036 6	0.190 5
$Growth$	11 653	0.170 6	0.407 4	-0.540 4	0.104 9	2.540 4

二、回归结果分析

在这一部分,我们首先报告政府补贴与劳动力雇佣之间的回归结果,然后是中介效应检验，最后是稳健性检验。

（一）政府补贴对企业雇佣规模的影响分析

我们首先以企业雇佣规模（Employ）作为被解释变量进行回归，检验政府补贴对其的影响。表 4.3 列示了企业雇佣规模与政府补贴的回归结果。第（1）列为企业雇佣规模（Employ）与政府补贴总额（Sub）的回归结果，第（2）（3）列分别为企业雇佣规模与创新补贴和非创新补贴的回归结果。在第（1）列中，企业雇佣规模与政府补贴总额（Sub）的回归系数为 0.010 3，在 1% 水平上显著为正，表明政府补贴能够扩大企业雇佣规模，促进就业，H_1 得到了支持。在第（2）列中，企业雇佣规模与创新补贴（IS）的回归系数为 0.000 2，系数为正但不显著；在第（3）列中，企业雇佣规模与非创新补贴（NS）的回归系数为 0.009 5，在 1% 水平上显著为正。以上结果表明，相较于创新补贴，政府非创新补贴对企业雇佣有显著的促进作用，H_2 得到了支持。在现阶段，地方政府在非创新补贴资金上拥有较大的自由裁量权，并且该类补贴种类繁多，缺乏一个严格的筛选审批流程。正因如此，这些补贴资金往往被优先用于扶持那些经营业绩不佳的企业，目的是通过改善这些企业的业绩来促进社会福利的增长（余明桂等，2010）。首先，上市公司的"壳资源"具有较大的经济价值，政府为了维护本地区经济的良好形象，会通过提供财政补助等方式来确保这些公司保持其上市地位（唐清泉和罗党论，2007）。其次，一些陷入财务危机的上市公司往往是地区内的大型雇主，一旦宣布破产，不仅会导致大规模的员工失业，还会影响社会稳定。政府出于防止失业率上升的考虑，以及基于企业继续承担社会职责的需要，通常会将这些补贴发放给此类公司，以支持其渡过难关，继续履行社会责任。

表 4.3 政府补贴与企业雇佣规模的回归结果

变量	(1) Employ	(2) Employ	(3) Employ
Sub	0.010 3 ***		
	(4.844 8)		
IS		0.000 2	
		(0.336 6)	
NS			0.009 5 ***
			(5.486 6)
SOE	-0.063 8 ***	-0.063 5 ***	-0.063 5 ***
	(-6.248 7)	(-6.207 7)	(-6.216 7)

续表

变量	(1) Employ	(2) Employ	(3) Employ
Size	-0.140 0***	-0.133 4***	-0.140 2***
	(-29.662 2)	(-29.490 9)	(-29.929 1)
Lev	0.271 5***	0.275 4***	0.270 6***
	(9.538 8)	(9.670 8)	(9.510 0)
Age	0.003 6***	0.003 3***	0.003 5***
	(4.085 1)	(3.783 9)	(4.050 3)
Capital	0.533 7***	0.532 5***	0.531 4***
	(16.297 9)	(16.233 2)	(16.232 8)
Board	0.008 5***	0.008 1***	0.008 4***
	(2.987 3)	(2.822 6)	(2.953 2)
Top10	0.002 4***	0.002 5***	0.002 4***
	(7.749 1)	(7.987 6)	(7.722 8)
ROA	0.671 7***	0.695 9***	0.672 1***
	(8.787 0)	(9.114 0)	(8.798 8)
Growth	-0.065 7***	-0.067 4***	-0.064 9***
	(-5.972 2)	(-6.125 3)	(-5.901 7)
Industry/Year (I/Y)	Yes	Yes	Yes
Constant	3.400 3***	3.428 3***	3.423 8***
	(32.455 3)	(32.656 7)	(32.745 3)
Obs.	11 653	11 653	11 653
R^2	0.233	0.231	0.233

注：括号内为 t 值，*、** 和 *** 分别表示 10%、5% 和 1% 的显著性水平。

（二）政府补贴对员工结构的影响分析

表 4.4 列示了政府补贴与员工结构的回归结果。结果表明，政府补贴能够提高企业高学历和高技能人员占比。其余回归结果表明，相较于非创新补贴，政府创新补贴对提高企业高学历和高技能人才占比有显著的促进作用，H_3 得到了支持。

表4.4 政府补贴与员工结构的回归结果

变量	(1) Edu	(2) Edu	(3) Edu	(4) Ht	(5) Ht	(6) Ht
Sub	0.002 2**			0.001 7***		
	(2.317 2)			(2.602 1)		
IS		0.001 7***			0.001 3***	
		(5.319 8)			(6.213 1)	
NS			0.000 1			−0.000 2
			(0.186 8)			(−0.370 4)
SOE	0.012 8***	0.013 2***	0.012 9***	0.010 1***	0.010 3***	0.010 1***
	(2.806 1)	(2.879 6)	(2.820 5)	(3.267 6)	(3.354 0)	(3.283 1)
Size	0.010 5***	0.011 8***	0.011 8***	0.003 7***	0.004 7***	0.004 9***
	(4.960 8)	(5.828 1)	(5.619 9)	(2.626 2)	(3.465 7)	(3.497 9)
Lev	−0.072 1***	−0.070 5***	−0.071 4***	−0.053 2***	−0.051 9***	−0.052 5***
	(−5.657 2)	(−5.533 8)	(−5.596 8)	(−6.193 6)	(−6.054 2)	(−6.108 0)
Age	−0.000 8**	−0.000 7*	−0.000 8**	−0.000 2	−0.000 1	−0.000 2
	(−1.984 7)	(−1.888 3)	(−2.128 3)	(−0.662 6)	(−0.540 1)	(−0.852 2)
Capital	−0.406 0***	−0.403 0***	−0.406 3***	−0.177 6***	−0.175 2***	−0.177 8***
	(−27.678 0)	(−27.480 2)	(−27.697 0)	(−17.975 6)	(−17.748 3)	(−17.996 1)
Board	0.003 5***	0.003 4***	0.003 4***	−0.002 1**	−0.002 1**	−0.002 2**
	(2.704 3)	(2.688 6)	(2.629 0)	(−2.450 7)	(−2.475 0)	(−2.549 4)
Top10	−0.000 4***	−0.000 4***	−0.000 4***	−0.000 8***	−0.000 8***	−0.000 8***
	(−3.086 6)	(−2.855 7)	(−2.984 0)	(−8.320 4)	(−8.067 7)	(−8.176 2)
ROA	−0.069 6**	−0.064 2*	−0.064 8*	0.009 9	0.014 0	0.014 3
	(−2.033 2)	(−1.880 9)	(−1.893 0)	(0.430 3)	(0.610 2)	(0.621 3)
Growth	0.016 1***	0.015 3***	0.015 8***	0.005 9*	0.005 3	0.005 6*
	(3.274 4)	(3.115 2)	(3.207 7)	(1.774 2)	(1.589 5)	(1.676 9)
I/Y	Yes	Yes	Yes	Yes	Yes	Yes
Constant	0.153 1***	0.140 9***	0.159 5***	0.106 1***	0.096 4***	0.111 2***
	(3.261 4)	(3.002 8)	(3.403 8)	(3.357 2)	(3.050 3)	(3.523 7)
Obs.	11 653	11 653	11 653	11 653	11 653	11 653
R^2	0.293	0.295	0.293	0.353	0.355	0.353

注：括号内为 t 值；*、**、*** 分别代表10%、5%和1%的显著性水平。

（三）政府补贴对企业劳动收入份额的影响分析

表 4.5 列示了政府补贴与企业劳动收入份额的回归结果。在第（1）列中，企业劳动收入份额（LS）与政府补贴总额（Sub）的回归系数在 1% 水平上显著为正，表明政府补贴能够提高企业劳动收入份额，H_4 得到证明。第（2）（3）列显示，相较于创新补贴，政府非创新补贴对企业劳动收入份额有显著的促进作用。

表 4.5　政府补贴与企业劳动收入份额的回归结果

变量	(1) LS	(2) LS	(3) LS
Sub	0.002 0***		
	(5.204 5)		
IS		-0.000 0	
		(-0.195 5)	
NS			0.001 7***
			(5.518 9)
SOE	0.007 0***	0.007 0***	0.007 0***
	(3.843 1)	(3.869 7)	(3.880 0)
Size	-0.017 4***	-0.016 1***	-0.017 3***
	(-20.704 3)	(-20.028 9)	(-20.803 6)
Lev	-0.083 7***	-0.083 0***	-0.083 8***
	(-16.548 0)	(-16.391 9)	(-16.571 1)
Age	0.000 7***	0.000 6***	0.000 7***
	(4.361 1)	(4.010 4)	(4.304 1)
Capital	0.005 1	0.004 8	0.004 7
	(0.881 4)	(0.818 9)	(0.807 4)
Board	0.002 4***	0.002 3***	0.002 4***
	(4.700 1)	(4.515 4)	(4.654 7)
Top10	0.000 2***	0.000 2***	0.000 2***
	(4.104 8)	(4.347 8)	(4.092 4)
ROA	-0.227 7***	-0.223 1***	-0.227 4***
	(-16.760 8)	(-16.437 2)	(-16.745 6)

续表

变量	(1) LS	(2) LS	(3) LS
Growth	-0.023 7***	-0.024 0***	-0.023 6***
	(-12.116 7)	(-12.265 8)	(-12.054 1)
I/Y	Yes	Yes	Yes
Constant	0.449 2***	0.455 3***	0.453 7***
	(24.120 5)	(24.396 2)	(24.411 5)
Obs.	11 653	11 653	11 653
R^2	0.311	0.310	0.312

注：*、**、*** 分别代表10%、5%和1%的显著性水平。

（四）中介效应检验

本书根据巴伦和肯尼（Baron and Kenny，1987）提出的因果逐步回归法，分析政府补贴增加企业雇佣规模的路径。

1. 流动性约束

结合理论分析可知，政府补贴扩大企业劳动雇佣规模的核心机制在于政府补贴能够缓解企业的流动性约束。如果上述逻辑成立，在政府对企业进行补贴后，企业内部现金流将会受到正向影响，缓解企业运营面临的流动性约束问题。本书从企业现金流、资产周转速度、应付账款规模三个维度出发，细致考察了流动性约束缓解效应（刘贯春等，2021；王帅等，2023）。

首先，从理论上看，如果政府补贴能对企业的内部现金流施加正向影响，缓解企业所面临的流动性限制，则此影响应当直观反映在企业资金丰裕程度的提高上。故本书选取企业经营活动产生的现金流量净额占总资产的比例衡量企业现金流（Cf）。其次，企业在缓解流动性约束方面采取的有效手段之一是增加商业信用，如应付账款。如果政府补贴能够有效缓解企业流动性约束，那么企业的应付账款可能会增加。为了验证这一点，本书以应付账款总额的自然对数（AP）作为中介变量。最后，如果企业面临流动性约束，其资金周转负担可能加重，从而降低增加劳动雇佣的可能性。因此，如果政府补贴能够减轻企业的资金周转压力，其表现应当是企业资金周转速度显著加快。资金周转能力（$Turnover$）使用企业营业收入与总资产的比值度量。

检验结果见表4.6。结果表明，政府补贴提高了企业现金流水平、商业信用和企业资金周转速度，从而缓解了企业流动性约束，提高了企业雇佣水平。

表4.6 中介效应检验结果（1）

变量	(1) Employ	(2) Cf	(3) Employ	(4) Turnover	(5) Employ	(6) Employ	(7) AP	(8) Employ
Sub	0.010 3***	0.001 1***	0.009 3***	0.003 5**	0.009 2***	0.010 3***	0.009 8***	0.009 2***
	(4.844 8)	(4.238 2)	(4.390 2)	(2.208 3)	(4.447 0)	(4.810 9)	(3.003 5)	(4.358 9)
Cf			0.904 4***					
			(12.262 3)					
Turnover					0.314 8***			
					(26.289 2)			
AP								0.111 8***
								(18.723 7)
SOE	−0.063 8***	−0.008 0***	−0.056 6***	0.006 3	−0.065 8***	−0.064 5***	0.030 3*	−0.067 9***
	(−6.248 7)	(−6.285 8)	(−5.564 0)	(0.815 1)	(−6.630 3)	(−6.308 9)	(1.933 9)	(−6.738 5)
Size	−0.140 0***	0.003 4***	−0.143 0***	−0.020 5***	−0.133 5***	−0.140 5***	0.930 7***	−0.244 5***
	(−29.662 2)	(5.694 4)	(−30.457 8)	(−5.782 5)	(−29.078 4)	(−29.740 6)	(128.625 2)	(−33.732 6)
Lev	0.271 5***	−0.023 8***	0.293 0***	0.498 7***	0.114 5***	0.274 8***	1.930 1***	0.058 9*
	(9.538 8)	(−6.676 4)	(10.339 8)	(23.273 2)	(4.047 3)	(9.644 0)	(44.209 6)	(1.942 4)
Age	0.003 6***	0.000 2	0.003 4***	0.000 4	0.003 4***	0.003 6***	−0.003 0**	0.003 9***
	(4.085 1)	(1.567 1)	(3.932 5)	(0.633 5)	(4.050 1)	(4.085 8)	(−2.275 0)	(4.541 6)
Capital	0.533 7***	0.103 0***	0.440 5***	0.002 7	0.532 8***	0.534 8***	−0.170 8***	0.553 9***
	(16.297 9)	(25.155 6)	(13.185 5)	(0.109 2)	(16.748 6)	(16.329 7)	(−3.403 5)	(17.157 4)
Board	0.008 5***	0.000 9**	0.007 7***	−0.000 7	0.008 8***	0.008 7***	0.019 2***	0.006 6**
	(2.987 3)	(2.438 4)	(2.728 5)	(−0.337 6)	(3.157 3)	(3.051 5)	(4.383 9)	(2.332 4)
Top10	0.002 4***	0.000 2***	0.002 2***	0.000 8***	0.002 1***	0.002 4***	0.003 4***	0.002 0***
	(7.749 1)	(4.530 6)	(7.276 8)	(3.496 5)	(7.119 3)	(7.780 8)	(7.234 8)	(6.624 1)
ROA	0.671 7***	0.370 0***	0.337 1***	1.161 1***	0.306 3***	0.676 7***	0.623 1***	0.607 0***
	(8.787 0)	(38.716 0)	(4.176 6)	(20.170 9)	(4.053 2)	(8.841 9)	(5.313 6)	(8.040 3)
Growth	−0.065 7***	−0.005 2***	−0.060 9***	0.042 6***	−0.079 1***	−0.066 1***	0.007 9	−0.067 0***
	(−5.972 2)	(−3.800 2)	(−5.574 6)	(5.142 4)	(−7.393 2)	(−5.999 3)	(0.466 0)	(−6.170 0)
I/Y	Yes	Yes	Yes	Yes	Yes	Yes	Yes	Yes
Constant	3.400 3***	−0.089 3***	3.481 1***	0.661 2***	3.192 2***	3.408 2***	−2.962 3***	3.739 5***
	(32.455 3)	(−6.821 0)	(33.372 7)	(8.381 0)	(31.266 8)	(32.519 7)	(−18.447 2)	(35.694 5)
Obs.	11 653	11 653	11 653	11 653	11 653	11 653	11 631	11 631
R^2	0.233	0.253	0.242	0.232	0.276	0.233	0.799	0.256

注：*、**、***分别代表10%、5%和1%的显著性水平。

2. 技术进步

综合前文的理论分析，政府补贴对于扩大企业劳动雇佣规模的作用路径也可能通过促进企业技术进步来实现。在此基础上，参考任胜钢等（2019）的研究，本章采用企业全要素生产率（Tfp）衡量技术进步，并运用 OP 法计算企业全要素生产率。检验结果见表 4.7。结果表明，政府补贴可以通过企业技术进步这一路径提高企业雇佣水平。

表 4.7　中介效应检验结果（2）

变量	(1) Employ	(2) Tfp	(3) Employ
Sub	0.010 2 ***	0.010 8 ***	0.008 2 ***
	(4.750 1)	(4.402 8)	(3.888 1)
Tfp			0.189 8 ***
			(23.675 7)
SOE	-0.065 9 ***	-0.011 7	-0.063 7 ***
	(-6.404 4)	(-1.000 4)	(-6.337 3)
Size	-0.141 3 ***	0.689 0 ***	-0.272 1 ***
	(-29.725 8)	(127.429 9)	(-37.711 4)
Lev	0.273 8 ***	0.891 4 ***	0.104 6 ***
	(9.542 4)	(27.317 5)	(3.618 5)
Age	0.003 5 ***	0.000 0	0.003 5 ***
	(4.004 5)	(0.049 3)	(4.090 0)
Capital	0.547 8 ***	-0.901 8 ***	0.719 0 ***
	(16.522 9)	(-23.917 1)	(21.673 6)
Board	0.008 2 ***	-0.002 0	0.008 6 ***
	(2.854 0)	(-0.606 2)	(3.056 7)
Top10	0.002 5 ***	0.001 4 ***	0.002 2 ***
	(7.841 3)	(3.802 4)	(7.185 3)
ROA	0.677 7 ***	2.254 0 ***	0.250 0 ***
	(8.812 9)	(25.773 5)	(3.236 2)
Growth	-0.067 5 ***	0.100 6 ***	-0.086 6 ***
	(-6.091 8)	(7.981 8)	(-7.980 6)
I/Y	Yes	Yes	Yes
Constant	3.425 8 ***	-6.424 7 ***	4.645 1 ***
	(32.451 8)	(-53.516 6)	(40.311 2)
Obs.	11 514	11 514	11 514
R^2	0.229	0.773	0.265

注：*、**、*** 分别代表 10%、5% 和 1% 的显著性水平。

（五）稳健性检验

1. 工具变量法

在获取政府补助资金的过程中，企业有可能与地方政府官员建立寻租关系，尤其在补助资金较多的情景下，企业进行"寻租补贴"投资或寻租行为的动力将会更加强大（邵敏和包群，2012）。因此，企业可能出于谋求政府支持的动机而增加员工人数，承担更多职责。这种动机可能导致政府补贴与企业雇佣决策存在一定的逆向因果关系。

参照杨洋等（2015）的研究。

首先，为了排除可能存在的反向因果关系，本章采用了类似于 Belderbos 等（2013）和 Zhang 等（2010）的方法，进行了两组回归分析，一组将 T 期按行业计算的政府补贴数对（$T-1$）期按行业计算的企业员工人数的均值进行回归，另一组将按行业计算的政府补贴数的变化 [T 期按行业计算的政府补贴数－（$T-1$）期按行业计算的政府补贴数] 对（$T-1$）期按行业计算的企业员工人数的均值进行回归。如果这两组回归的系数都是显著的，可能存在内生性问题。研究结果表明，回归系数均不显著（$P=0.459$ 和 $P=0.722$）。

其次，进一步引入工具变量，采用两阶段回归方法。本章采用滞后一期的政府补贴作为工具变量（郭玥，2018）。第一阶段回归结果显示，工具变量与政府补贴呈显著正相关关系，且 F 值远大于 10，表示应拒绝存在弱工具变量的原假设，内生性检验的结果 P 值为 0.009 4（<0.05），进一步说明了工具变量的外生性。第二阶段回归结果显示，政府补贴系数依然显著为正。

2. 双重差分（DID）

2016 年，国务院颁布的《关于促进创业投资持续健康发展的若干意见》着重强调，需深度整合并利用政府创业投资引导基金的资源优势，通过强化管理机制与规范标准，加大对新兴产业与经济增长潜力点的孵化与培育力度，旨在更深层次地激发就业市场的活力，促进就业机会的持续增长与结构优化。

因此，参考既有文献（Ahern and Dittmar，2012）我们利用 2016 年前三年和后一年的观测值进行双重差分（DID）检验。这是因为政府补贴会根据情况进行调整，所以政策持续期通常不超过 2 年。本书的实验组为中小企业，图 4.1 的结果表明，本研究满足平行趋势假设，但考虑到该问题的重要性，本章借鉴刘贯春等（2021）的方法，构建如下双重差分模型进行检验：

$$Employ_{i,t} = \alpha_0 + \alpha_1 Sub_{2016} \times time + \sum Controls_{i,t} + \sum Year_{i,t} + \sum Industry_{i,t} + \varepsilon_{i,t}$$

(4.9)

其中，Sub_{2016} 表示 2016 年该中小企业获得的政府补贴。当样本企业所处年份大于等于 2016 时，$time$ 取值为 1，否则取 0。表 4.8 第（1）列为回归结果。结果显示，在政策发布后，政府补贴对中小企业劳动力雇佣规模扩大具有正向作用，支持了本书的研究结论。

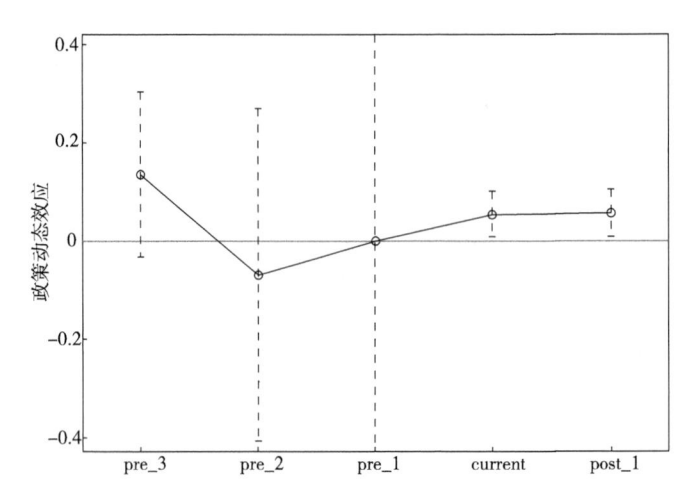

图 4.1　平行趋势检验

资料来源：笔者整理。

3. 倾向得分匹配（PSM）

为避免选择性偏差，本书采用 PSM 方法进一步验证政府补贴对企业雇佣规模的影响。首先，根据政府补贴均值将其分为两组；其次，对这两组进行 1∶1 最近邻匹配，处理组的平均效应（ATT）差异值为 0.068，且 T 值为 5.04，匹配前后协变量的系数和显著性水平呈下降趋势；最后，使用匹配后的样本进行回归。回归结果如表 4.8 的第（2）列所示，与主回归结果一致。

4. 更换因变量度量

为了克服雇员规模衡量方法引起的估计偏误，采用企业职工总数占行业年度均值的比例（*Employ*）重新衡量企业的雇员规模（薛云奎和白云霞，2008）。回归结果如表 4.8 的第（3）列所示，与主回归结果一致。

另外，在劳动收入份额的衡量方法上，为了避免潜在的估计偏误，参考方军雄（2011）的研究，用支付给职工以及为职工支付的现金除以"营业收入-营业成本+支付给职工以及为职工支付的现金+固定资产折旧"表示。回归结果如表 4.8 的第（4）列所示，与主回归结果一致。

5. 更换自变量度量

考虑到不同行业和规模企业获得的补贴不具有可比性，本书使用企业总资产对政府补贴进行平滑。回归结果如表 4.8 的第（5）列至第（8）列所示，与主回归结果一致。

表 4.8 稳健性检验

变量	IV 第一阶段 Sub	IV 第二阶段 Employ	DID (1) Employ	PSM (2) Employ	更换因变量 (3) Employ	更换因变量 (4) ls	更换因变量 (5) Employ	更换自变量 (6) Edu	更换自变量 (7) Ht	更换自变量 (8) LS
Sub		0.019 9*** (5.031 1)		0.031 5** (2.355 4)	0.023 4*** (5.738 7)	0.002 0*** (4.103 4)				
sub							4.101 5*** (4.088 3)	2.954 4*** (6.586 8)	1.915 8*** (6.341 1)	1.242 6*** (6.977 1)
IV	0.658 4*** (72.514 2)									
Sub$_{2016}$×time			0.014 1*** (3.161 7)							
SOE	−0.000 2 (−0.006 5)	−0.053 3*** (−5.020 0)	−0.111 4*** (−4.834 1)	−0.046 6*** (−3.291 4)	−0.059 9*** (−3.069 1)	0.027 6*** (12.014 9)	−0.064 9*** (−6.346 3)	0.011 9*** (2.608 8)	0.009 5*** (3.079 9)	0.006 6*** (3.649 9)
Size	0.221 2*** (12.465 7)	−0.147 6*** (−27.096 1)	−0.172 0*** (−14.806 4)	−0.145 8*** (−22.266 0)	0.708 2*** (78.522 4)	−0.024 9*** (−23.440 3)	−0.130 8*** (−28.655 7)	0.013 8*** (6.746 0)	0.006 0*** (4.377 9)	−0.015 3*** (−18.909 6)
Lev	0.177 5* (1.704 6)	0.257 2*** (8.607 5)	0.331 1*** (5.330 2)	0.246 9*** (6.267 9)	0.206 3*** (3.792 2)	0.044 6*** (6.961 9)	0.268 6*** (9.421 8)	−0.076 1*** (−5.975 4)	−0.055 7*** (−6.488 7)	−0.085 0*** (−16.800 8)
Age	−0.006 3* (−1.949 3)	0.003 7*** (4.005 5)	0.003 1 (1.480 6)	0.002 5** (2.006 2)	0.004 2*** (2.530 7)	0.001 0*** (5.155 2)	0.003 5*** (3.977 7)	−0.000 7* (−1.807 1)	−0.000 1 (−0.512 7)	0.000 7*** (4.382 0)
Capital	−0.186 3 (−1.566 6)	0.518 3*** (15.197 6)	0.632 4*** (7.855 8)	0.533 4*** (11.677 8)	0.682 4*** (10.904 3)	−0.027 0*** (−3.656 8)	0.528 7*** (16.136 8)	−0.408 7*** (−27.905 5)	−0.179 4*** (−18.182 9)	0.003 8 (0.653 4)

续表

变量	IV 第一阶段 Sub	IV 第二阶段 Employ	DID (1) Employ	PSM (2) Employ	更换因变量 (3) Employ	更换因变量 (4) ls	更换因变量 (5) Employ	更换自变量 (6) Edu	更换自变量 (7) Ht	更换自变量 (8) LS
Board	−0.015 6 (−1.494 7)	0.008 3*** (2.789 9)	0.004 0 (0.591 3)	0.008 1** (2.016 2)	0.010 8** (1.979 8)	0.003 0*** (4.729 0)	0.008 4*** (2.932 1)	0.003 6*** (2.809 9)	−0.002 0** (−2.370 8)	0.002 4*** (4.717 1)
Top10	0.002 8** (2.462 7)	0.002 0*** (6.210 7)	0.003 7*** (5.363 9)	0.002 7*** (6.215 1)	0.005 5*** (9.239 3)	0.000 3*** (4.159 9)	0.002 4*** (7.750 2)	−0.000 5*** (−3.342 5)	−0.000 8*** (−8.554 1)	0.000 2*** (3.971 6)
ROA	1.358 7*** (4.862 1)	0.627 7*** (7.801 1)	0.543 0*** (3.581 0)	0.580 9*** (5.470 4)	0.562 1*** (3.847 1)	−0.648 8*** (−37.708 0)	0.668 7*** (8.730 3)	−0.084 0** (−2.454 4)	0.001 1 (0.048 8)	−0.231 4*** (−17.015 5)
Growth	0.111 1*** (2.675 1)	−0.055 9*** (−4.710 6)	−0.038 9 (−1.453 8)	−0.071 4*** (−4.511 4)	−0.103 8*** (−4.937 6)	−0.034 5*** (−13.944 4)	−0.066 5*** (−6.051 1)	0.016 3*** (3.325 4)	0.006 0* (1.808 7)	−0.023 8*** (−12.170 6)
I/Y	Yes	Yes	Yes	Yes	Yes	Yes	Yes	Yes	Yes	Yes
Constant	0.849 9** (2.213 2)	3.459 6*** (31.349 7)	3.854 0*** (14.756 8)	3.640 4*** (24.249 3)	−15.597 3*** (−77.895 4)	0.762 6*** (32.336 0)	3.344 1*** (31.327 5)	0.097 1** (2.033 6)	0.070 5** (2.192 9)	0.428 7*** (22.622 6)
Obs.	10 389	10 389	2 542	5 991	11 653	11 650	11 653	11 653	11 653	11 653
R^2	0.558	0.224	0.221	0.243	0.484	0.352	0.232	0.296	0.355	0.313

注：*、**、*** 分别代表 10%、5%和 1%的显著性水平。

第三节 异质性分析与经济后果检验

一、异质性分析

（一）地区特征异质性

第一，考虑纳税管理的环境对税收政策的制定与执行具有决定性意义。众多研究表明，税收征管机制对企业运营产生影响，不仅缩减了企业的留存收益，还削弱了企业的内部资金池储备能力，迫使企业在财务管理上采取更为审慎和高效的策略（Moynihan et al., 2015；于文超等，2018），企业雇佣规模有可能因此缩减。这一"约束效应"的显现，不仅是税收制度有效性的体现，也为企业优化资源配置、促进可持续发展提供了外部驱动力。地方政府面对财政紧缩的压力，往往会加大税收征收力度，这无疑增加了企业税收负担。本书通过使用预算支出和预算收入之差与该省当年 GDP 的比值来测度地方财政压力（王帅等，2023），并依据该指标将全样本分为两组进行估计，结果如表 4.9 的 Panel A 所示。可见，企业面临的税收征管力度越大，政府补贴对企业劳动力雇佣决策的正向影响越弱。

第二，考虑地区劳动力市场供给的重要作用。理论上，政府补贴引致的企业劳动雇佣需求增加在劳动力市场供给越充裕的地区越容易得到匹配，企业劳动雇佣规模的扩大效果也越显著。本书使用当地当年末就业人口占当地当年总人口的比重度量地区劳动力市场供给充裕度，并依据该指标将全样本分为两组进行估计，回归结果如表 4.9 的 Panel B 所示。可见，在劳动力市场供给充裕的地区，政府补贴对企业劳动雇佣规模的扩大作用更为显著，对劳动收入份额的促进作用也更为强烈。

表 4.9 地区异质性

变量	Panel A：税收征管环境		Panel B：劳动力供给			
	高税收征管力度组	低税收征管力度组	劳动力市场供给充裕组	劳动力市场供给不足组	劳动力市场供给充裕组	劳动力市场供给不足组
	(1) Employ	(2) Employ	(3) Employ	(4) Employ	(5) LS	(6) LS
Sub	0.009 5**	0.012 5***	0.017 1***	0.009 5***	0.002 0***	0.001 4**
	(2.419 2)	(3.751 5)	(3.704 7)	(2.662 3)	(2.908 7)	(2.125 3)
SOE	-0.125 7***	-0.009 2	-0.128 6***	0.017 4	-0.009 0***	0.020 3***
	(-6.406 1)	(-0.539 6)	(-6.059 1)	(0.989 6)	(-2.797 4)	(6.172 1)

续表

	Panel A：税收征管环境			Panel B：劳动力供给		
变量	高税收征管力度组	低税收征管力度组	劳动力市场供给充裕组	劳动力市场供给不足组	劳动力市场供给充裕组	劳动力市场供给不足组
	(1) Employ	(2) Employ	(3) Employ	(4) Employ	(5) LS	(6) LS
Size	-0.133 9***	-0.142 2***	-0.151 6***	-0.137 8***	-0.013 0***	-0.019 4***
	(-14.254 5)	(-18.949 5)	(-14.959 0)	(-17.199 2)	(-8.468 0)	(-12.902 3)
Lev	0.277 9***	0.277 0***	0.216 8***	0.287 4***	-0.083 7***	-0.072 7***
	(5.270 4)	(6.055 9)	(3.773 9)	(5.807 3)	(-9.645 0)	(-7.835 0)
Age	-0.000 6	0.002 7*	0.001 2	0.001 3	-0.000 2	0.000 6*
	(-0.387 6)	(1.887 0)	(0.750 9)	(0.825 8)	(-0.767 5)	(1.923 5)
Capital	0.803 2***	0.359 8***	0.825 9***	0.419 4***	0.047 3***	-0.014 7
	(12.539 5)	(7.132 0)	(11.633 8)	(7.971 6)	(4.415 1)	(-1.493 1)
Board	0.014 7***	0.010 8**	0.019 5***	0.000 0	0.001 6*	0.003 0***
	(2.721 7)	(2.409 4)	(3.388 6)	(0.006 6)	(1.879 4)	(3.372 4)
Top10	0.003 6***	0.001 9***	0.003 3***	0.001 3**	0.000 1	0.000 4***
	(6.411 5)	(3.709 1)	(5.426 1)	(2.336 4)	(1.478 9)	(4.283 3)
ROA	0.694 5***	0.707 7***	0.650 8***	0.768 7***	-0.146 4***	-0.267 9***
	(5.082 6)	(5.800 0)	(4.478 3)	(5.780 0)	(-6.672 1)	(-10.740 9)
Growth	-0.072 5***	-0.034 7*	-0.032 2	-0.063 6***	-0.015 3***	-0.025 1***
	(-3.590 6)	(-1.960 0)	(-1.508 4)	(-3.292 5)	(-4.756 2)	(-6.941 4)
I/Y	Yes	Yes	Yes	Yes	Yes	Yes
Constant	3.020 6***	3.508 7***	3.493 8***	3.694 2***	0.362 8***	0.483 8***
	(13.038 1)	(19.407 5)	(12.736 5)	(20.875 1)	(8.757 6)	(14.577 0)
Obs.	3 866	4 029	3 391	3 519	3 391	3 519
R^2	0.257	0.243	0.271	0.239	0.320	0.338

注：*、**、***分别代表10%、5%和1%的显著性水平。

（二）行业特征异质性

资本与技术密集型产业的核心特征体现在对资本与技术的大规模投入上，进而带来其对高技能劳动力的需求。因此，政府补贴对企业高技能员工的影响在资本技术密集型企业中理应更为显著。相比之下，劳动密集型产业的生产运营则依赖于大量劳动力的直接参与，因此政府补贴对企业雇佣规模的影响在劳动密集型企业中理应更为显著。

本书采用固定资产和总资产的比值来度量要素密集程度，当该比例大于75%分位数时，认定为资本密集型企业（Capital）；当该比例小于25%分位数时，则认定为劳动密集型企业（Labor）（詹新宇和余倩，2022）。由表4.10的回归结果可知：在资本技术密集型企业中，政府补贴对企业高技能员工产生的影响更为显著；而在劳动密集型企业中，政府补贴对企业雇佣规模的影响更加显著。

表 4.10 行业异质性

变量	资本技术密集型 (1) Employ	资本技术密集型 (2) Ht	劳动密集型 (3) Employ	劳动密集型 (4) Ht
Sub	0.007 1 (1.610 8)	0.002 3** (2.551 6)	0.014 1*** (3.468 9)	0.002 4 (1.414 2)
Size	-0.163 2*** (-17.818 8)	0.002 7 (1.443 5)	-0.097 3*** (-10.821 3)	0.009 9*** (2.648 5)
Lev	0.238 1*** (4.050 6)	-0.029 1** (-2.384 9)	0.287 7*** (5.677 2)	-0.050 8** (-2.412 9)
Age	0.006 6*** (3.662 9)	0.001 8*** (4.710 8)	-0.002 4 (-1.431 4)	0.000 2 (0.221 2)
Capital	-0.361 2*** (-4.095 7)	0.025 6 (1.394 9)	2.957 4*** (8.572 7)	-0.499 8*** (-3.486 4)
Board	0.018 7*** (3.473 8)	-0.001 9* (-1.687 5)	0.013 4** (2.354 7)	-0.003 7 (-1.555 7)
Top10	0.002 6*** (4.181 2)	-0.000 2 (-1.634 6)	0.001 0 (1.597 4)	-0.001 4*** (-5.671 8)
ROA	0.732 5*** (4.353 9)	0.020 2 (0.578 3)	0.428 7*** (3.103 5)	0.104 1* (1.813 1)
Growth	-0.062 0** (-2.410 1)	0.003 1 (0.585 4)	-0.053 1*** (-3.094 9)	0.003 9 (0.542 6)
I/Y	Yes	Yes	Yes	Yes
Constant	4.405 0*** (22.522 1)	-0.004 9 (-0.121 5)	1.839 0*** (8.158 5)	-0.033 0 (-0.351 8)
Obs.	2 913	2 913	2 914	2 914
R^2	0.347	0.204	0.250	0.352

注：*、**、***分别代表10%、5%和1%的显著性水平。

（三）企业特征异质性

第一，考虑企业盈利能力的重要作用。既有研究表明，企业的盈利能力与其风险承担能力呈正相关，盈利能力较强的企业抵御现金流断裂风险的能力更强（Jagadish and Sharmila，2021）。因此，盈利能力较强企业的流动性约束较弱，政府补贴对企业劳动雇佣规模的扩大效果也更为明显。为验证这一理论推断，本书分别使用利润总额和净利润来测度企业盈利能力（王帅等，2023），并根据这两个指标在行业年度中的中位数对全样本进行分组估计。由表4.11中Panel A所示的回归结果可知，在盈利能力较强的企业中，政府补贴对企业劳动雇佣规模的扩大作用更为显著。

第二，考虑企业劳动雇佣需求的重要作用。从企业雇佣水平视角看，只有在企业劳动雇佣不足的情况下，提升其资金充裕度才可能使企业增加劳动力雇佣规模。本书以实际雇员规模超过期望雇员规模的差值来估计企业的超额雇员规模（Richardson，2006；薛云奎和白云霞，2008），回归结果如表4.11的Panel B所示。可以发现，在劳动雇佣需求较大的企业，政府补贴对企业劳动雇佣规模的扩大作用更为显著。

表4.11 企业异质性

变量	Panel A：企业盈利能力				Panel B：劳动力需求	
	利润总额		净利润		雇佣冗余	雇佣不足
	高组	低组	高组	低组		
	(1)	(2)	(3)	(4)	(5)	(6)
	Employ	Employ	Employ	Employ	Employ	Employ
Sub	0.0130***	0.0062*	0.0130***	0.0062*	0.0022	0.0041***
	(4.8670)	(1.8634)	(4.8442)	(1.8443)	(0.6895)	(4.4263)
SOE	−0.0836***	−0.0377**	−0.0836***	−0.0371**	−0.0700***	−0.0143***
	(−6.1838)	(−2.4646)	(−6.1790)	(−2.4233)	(−4.3410)	(−3.2521)
Size	−0.1305***	−0.1774***	−0.1299***	−0.1755***	−0.1703***	−0.0817***
	(−18.1412)	(−20.2664)	(−18.0120)	(−20.3950)	(−23.1327)	(−39.4532)
Lev	0.2108***	0.3216***	0.2281***	0.3114***	0.1560***	0.0735***
	(4.8652)	(8.2841)	(5.2522)	(8.0300)	(3.3238)	(6.2068)
Age	0.0026**	0.0042***	0.0026**	0.0042***	−0.0001	0.0000
	(2.3494)	(3.0715)	(2.3856)	(3.1017)	(−0.1005)	(0.0378)
Capital	0.4717***	0.5855***	0.4831***	0.5828***	0.7443***	0.3558***
	(10.9147)	(11.8954)	(11.0598)	(11.9336)	(13.0336)	(26.1850)

续表

变量	Panel A：企业盈利能力				Panel B：劳动力需求	
	利润总额		净利润		雇佣冗余	雇佣不足
	高组	低组	高组	低组		
	(1) Employ	(2) Employ	(3) Employ	(4) Employ	(5) Employ	(6) Employ
Board	0.004 3	0.014 5***	0.005 6	0.012 8***	−0.005 1	0.006 0***
	(1.230 9)	(3.154 0)	(1.583 7)	(2.825 0)	(−1.191 8)	(4.794 9)
Top10	0.002 4***	0.002 2***	0.002 3***	0.002 3***	0.002 8***	0.000 7***
	(5.916 2)	(4.544 6)	(5.606 9)	(4.920 9)	(5.836 1)	(5.202 2)
ROA	0.921 8***	0.284 2***	1.009 9***	0.267 6**	0.029 0	0.182 3***
	(5.486 2)	(2.704 5)	(5.976 2)	(2.545 4)	(0.241 4)	(5.553 3)
Growth	−0.068 3***	−0.060 3***	−0.065 7***	−0.065 6***	−0.071 0***	−0.028 1***
	(−5.048 7)	(−3.396 6)	(−4.796 0)	(−3.742 7)	(−3.858 7)	(−6.225 7)
I/Y	Yes	Yes	Yes	Yes	Yes	Yes
Constant	3.539 5***	4.066 7***	3.453 1***	4.039 2***	5.135 6***	2.038 9***
	(20.408 7)	(21.351 5)	(19.994 6)	(21.600 4)	(31.290 2)	(44.443 2)
Obs.	5 826	5 827	5 826	5 827	4 649	7 004
R^2	0.288	0.184	0.286	0.189	0.471	0.478

注：*、**、***分别代表10%、5%和1%的显著性水平。

二、经济后果检验

（一）高管-员工薪酬差距

作为带来企业业绩增长的外部因素，政府补贴并不能完全反映企业管理层的决策能力和努力程度。管理层可能会将政府补贴这种属于非经常性损益的因素纳入绩效考核范围，通过短期内提升企业业绩的表现水平来谋求更为丰厚的薪酬回报。企业的薪酬资源有限，致使管理层在追求个人利益时难以兼顾普通员工的权益。这可能造成普通员工的薪酬水平低于企业盈利水平，由此扩大了董监高与普通员工之间的薪酬差距。本书运用董监高薪酬与普通员工薪酬的比值作为衡量管理者与员工薪酬差异程度的指标。回归结果如表4.12的Panel A所示，结果表明企业获得政府补贴会显著扩大高管-员工的薪酬差距。

（二）企业经营状况

政府通过直接拨款、税收优惠、信贷担保等形式支持企业，能够直接增加企业的现金流，从而助力公司进行各类投资和经营扩张（吴伟伟和张天一，2021）。为检验这一问题，本书通过两个指标测度企业整体经营情况：①营业收入（*OR*），采用企业营业收入的自然对数表示；②企业市场份额（*Market*），采用企业营业总收入与行业营业总收入之比表示。回归结果如表4.12的Panel B所示，表明企业获得政府补贴能显著改善企业经营状况。

（三）企业创新能力

政府补贴不仅可以降低创新成本和风险，为企业的创新提供必要的经济支持，同时还有助于促进企业增加对知识产权保护的支出，提高企业的技术创新积极性。本书采用研发支出与总资产的比值（*RD1*）来度量企业的创新能力；为了验证实证结果的稳健性，本书还使用研发支出与营业收入的比值（*RD2*）来度量创新能力。回归结果如表4.12的Panel C所示，表明企业获得政府补贴能显著提高企业的创新能力。

表4.12 经济后果检验的回归结果

变量	Panel A：薪酬差距 (1) *Gap*	Panel B：企业经营状况 (2) *OR*	Panel B：企业经营状况 (3) *Market*	Panel C：企业创新 (1) *RD1*	Panel C：企业创新 (2) *RD2*
Sub	0.025 5*** (2.730 9)	0.013 2*** (5.218 8)	0.000 2*** (4.485 0)	0.000 6*** (7.951 1)	0.099 7*** (5.473 3)
SOE	−1.086 6*** (−24.335 7)	−0.020 0 (−1.644 7)	−0.000 6** (−2.206 2)	−0.001 0*** (−2.723 0)	−0.184 1** (−2.112 9)
Size	0.655 5*** (31.775 6)	0.943 3*** (167.999 6)	0.004 6*** (37.859 8)	−0.001 8*** (−10.336 0)	−0.147 7*** (−3.638 4)
Lev	−0.001 5 (−0.011 7)	0.892 0*** (26.342 5)	0.000 8 (1.045 0)	−0.001 1 (−0.984 2)	−5.025 4*** (−20.306 8)
Age	0.013 1*** (3.425 6)	0.001 3 (1.222 5)	−0.000 0 (−0.071 3)	−0.000 0 (−0.630 4)	−0.015 6** (−2.101 8)
Capital	0.832 5*** (5.812 2)	0.178 4*** (4.578 9)	0.000 9 (1.048 0)	−0.014 2*** (−11.029 6)	−4.161 2*** (−14.203 2)
Board	−0.064 2*** (−5.143 8)	0.002 4 (0.700 7)	−0.000 0 (−0.503 8)	−0.000 0 (−0.145 9)	−0.044 4* (−1.817 6)
*Top*10	−0.008 0*** (−5.938 9)	0.001 6*** (4.235 5)	0.000 0*** (4.066 1)	−0.000 0 (−0.631 9)	−0.011 7*** (−4.427 1)

续表

变量	Panel A：薪酬差距 (1) Gap	Panel B：企业经营状况 (2) OR	(3) Market	Panel C：企业创新 (1) RD1	(2) RD2
ROA	5.209 7*** (15.589 0)	2.350 7*** (25.844 2)	0.011 2*** (5.686 2)	0.028 2*** (9.932 8)	-7.190 0*** (-11.075 7)
Growth	-0.091 4* (-1.902 6)	0.081 7*** (6.247 2)	0.000 8*** (2.749 8)	-0.000 8* (-1.744 4)	-0.358 4*** (-3.481 9)
C/I/Y	Yes	Yes	Yes	Yes	Yes
Constant	-10.260 0*** (-22.401 5)	-0.319 1** (-2.559 9)	-0.069 5*** (-25.735 9)	0.039 0*** (9.716 3)	7.271 1*** (7.925 8)
Obs.	11 641	11 653	11 653	10 427	10 346
R^2	0.195	0.841	0.577	0.318	0.339

注：*、**、***分别代表10%、5%和1%的显著性水平。

本章小结

本章作为本书实证研究的第一步，旨在分析以政府补贴为代表的产业政策对劳动保护的影响。首先进行变量说明和模型设计，然后对第三章提出的四个假设，即 H_1、H_2、H_3 和 H_4 进行了实证检验。结果表明，政府补贴能增加企业雇佣规模，提高就业率，同时提高企业高技能和高学历人才占比和企业劳动收入份额，且这种影响在税收征管力度较小、劳动力市场供给充裕的地区，以及盈利能力强和劳动雇佣需求大的企业中更明显。进一步讨论发现，政府补贴改善了企业的经营状况，促进了企业创新，但却扩大了企业高管与普通员工的薪酬差距。

第五章　党组织治理、劳动保护与企业创新的实证检验

第四章作为实证研究的第一步，聚焦企业外部产业政策（政府补贴）的制定对劳动保护产生的影响。本章是本书实证研究的第二步，将研究视角从外部政策制定转移到企业内部政策执行保障上，重点分析党组织治理对劳动保护、企业创新的影响。

根据第三章第二节的理论框架，本章拟检验以下假设：

H_5：党组织参与公司治理能够促进企业创新。

第一节　研究设计

一、样本选择与数据来源

本书以 2008—2021 年 A 股国有非金融类上市公司为样本，通过查阅公司年报中的信息，对公司董事、监事以及高管与党组织人员重合的情况进行判断，剔除披露不全的上市公司以及相关数据缺失或异常的观测值后，共获得 10 473 个企业-年度数据样本。党组织嵌入公司治理数据通过上市公司年报并结合公司网站手工整理获得。创新数据根据国家知识产权局的专利检索网站手动整理。公司层面数据均取自 CSMAR 数据库。

二、变量说明和模型设计

（一）因变量

本章的因变量为企业创新。参考 Fang 等（2014）的研究，我们选择专利数量来测量创新，具体以专利申请数加 1 取自然对数来度量企业创新。

（二）自变量

本章的自变量为党组织参与公司治理（Party）。在既有文献中，党组织参与公司治理的测量方法主要有两种：第一种是通过问卷调查获得（Chang and Wong，2004），第二种主要依据党委成员与董事会、监事会和管理层成员职位重合程度进行测量（马连福等，2013）。本书借鉴第二种方法，以具有党委身份的董监高占总人数的比例（Party）进行测量。在稳健性检验中，参考 Wang 等

(2023a) 的做法，将党委与董事会重合人数（$Party\_board$）、党委与监事会重合人数（$Party\_sup$）以及党委与高管重合人数（$Party\_man$）三个指标以主成分法拟合成党组织参与公司治理综合指数（$Party2$）进行替代测量。

（三）控制变量

参考相关文献，我们认为影响创新的重要控制变量包括公司规模（$Size$）、资产负债率（Lev）、固定资产比例（$FIXED$）、营业收入增长率（$Growth$）、上市年限（$ListAge$）、研发投入（$R\&D$）等。公司治理类控制变量包括董事会人数（$lnboard$）、独立董事比例（$Indep$）、第一大股东持股比例（$Top1$）、机构投资者持股比例（$INST$）等。所有变量定义如表5.1所示。此外，回归中我们还控制了年份和公司虚拟变量。

表 5.1 变量定义

变量类型	变量符号	变量名称	变量定义
因变量	$lnpat$	企业创新	公司年度申请专利数量加1取自然对数
考察变量	$Party$	党组织参与公司治理	公司有党委成员身份的董监高占董监高总人数的比例
	$Party\_board$	党组织参与董事会比例	公司有党委成员身份的董事占董事会总人数的比例
	$Party\_sup$	党组织参与监事会比例	公司有党委成员身份的监事占监事会人员总数的比例
	$Party\_man$	党组织参与管理层比例	公司有党委成员身份的高管占管理层人员总数的比例
中介变量	$Insurance$	社会保险投入水平	"应付职工薪酬"科目下"社会保险费"本期增加额/营业收入
	HC	人力资本积累	本科以上学历员工数量占总员工数量比例
	RPG	收入不平等	管理层平均薪酬与普通员工平均薪酬比值的自然对数
控制变量	$Size$	公司规模	公司总资产取自然对数
	Lev	资产负债率	公司总负债比总资产
	$FIXED$	固定资产比例	固定资产比总资产
	$Growth$	营业收入增长率	营业收入增长额比年营业收入总额
	$lnboard$	董事会人数	董事会人数取自然对数
	$Indep$	独立董事比例	独立董事占董事会总人数比例

续表

变量类型	变量符号	变量名称	变量定义
控制变量	Top1	第一大股东持股	第一大股东持股比例
	ListAge	上市年限	样本观测年份减企业上市年份
	INST	机构投资者持股比例	机构投资者持股比例
	R&D	研发投入	研发费用和支出合计取自然对数

资料来源：CSMAR、Wind 和 CNRDS 数据库。

（四）模型设计

为了检验党组织参与公司治理对企业创新的影响，我们构建如下模型：

$$\ln pat_{i,t} = \alpha_0 + \alpha_1 Party_{i,t} + \sum Controls_{i,t} + \sum Year_{i,t} + \sum Firm_{i,t} + \varepsilon_{i,t} \quad (5.1)$$

模型中主要包括被解释变量企业创新，解释变量党组织参与公司治理，以及一系列控制变量。

第二节 实证分析

一、描述性统计

表 5.2 展示了本章主要变量的描述性统计结果。企业创新（lnpat）的均值为 1.375，最小值为 0.000，最大值为 6.449，标准差为 1.724，表明国企上市公司创新水平较低，并且不同企业之间存在较大差异。党组织参与公司治理程度均值为 0.132，即在所有国企的管理层成员中，有 13.2% 的董监高人员具有党委身份；标准差为 0.163，高于均值，说明不同国企之间党组织参与公司治理情况存在明显差异。具体而言，董事会成员中有 12% 的董事具有党委身份，监事会成员中有 9.8% 的监事具有党委身份，高管具有党委身份的比例为 13.7%，即党组织成员参与到管理层、董事会中的比例较大，而参与到监事会中的比例较小。

表 5.2 描述性统计结果

变量	Obs.	Mean	SD	Min	Median	Max
lnpat	10 473	1.375	1.724	0.000	0.000	6.449
Party	10 473	0.132	0.163	0.000	0.071	0.778
Party_board	10 473	0.120	0.152	0.000	0.091	0.667
Party_sup	10 473	0.098	0.177	0.000	0.000	0.800

续表

变量	Obs.	Mean	SD	Min	Median	Max
Party_man	10 473	0.137	0.230	0.000	0.000	1.000
Size	10 473	22.867	1.398	20.145	22.717	26.949
Lev	10 473	0.508	0.201	0.079	0.517	0.937
FIXED	10 473	0.252	0.194	0.002	0.207	0.772
Growth	10 473	0.131	0.375	−0.559	0.080	2.402
lnboard	10 473	2.195	0.194	1.609	2.197	2.708
Indep	10 473	0.372	0.057	0.312	0.333	0.600
Top1	10 473	0.388	0.153	0.115	0.375	0.763
ListAge	10 473	2.647	0.615	0.000	2.833	3.367
INST	10 473	0.508	0.200	0.017	0.517	0.911
R&D	10 473	12.751	8.392	0.000	17.152	24.410
Insurance	10 473	0.015	0.013	0.001	0.011	0.116
HC	10 473	0.263	0.157	0.000	0.229	0.732
RPG	10 473	0.870	0.484	0.034	0.832	2.636

二、回归结果分析

(一) 党组织参与公司治理对企业创新的影响分析

表5.3报告了本研究的基准回归结果。第（1）列只加入核心解释变量，第（2）列加入了企业特征相关变量。结果发现，党组织参与公司治理程度（Party）系数分别在5%和1%水平上通过了显著性检验。从第（2）列结果的经济意义来看，企业党组织参与公司治理程度每增加1个标准差，企业创新就会增加4.10%（0.163×0.251×100%）。这表明，党组织参与公司治理对企业创新具有显著的促进作用。因此，H_5 得以验证。

由于公司治理结构中不同机构行使不同职能，其中董事会为决策机构，监事会为监督机构，管理层为执行机构，因此，党组织参与不同治理结构，对于创新的促进作用或许存在差异。我们进一步将党委参与公司治理分别按参与董事会（Party-board）、监事会（Party-sup）、管理层（Party-man）进行回归，结果如表5.3第（3）列至第（5）列所示。可以看出，党组织参与公司治理对创新的促进作用，在董事会、监事会以及管理层均显著为正，但是参与管理层的系数最为显著，其次是董事会和监事会，这说明党组织参与公司治理促进创新的作用主要是通过管理层发挥的，董事会和监事会次之。这可能是因为相比监事会对企业决策的间接影响，管理层和董事会将直接影响企业的创新决策。

表 5.3 公司治理程度与企业创新的回归结果

	(1) lnpat	(2) lnpat	(3) lnpat	(4) lnpat	(5) lnpat
Party	0.226**	0.251***			
	(2.309)	(3.678)			
Party_board			0.170**		
			(2.213)		
Party_sup				0.135**	
				(2.535)	
Party_man					0.116***
					(2.691)
Size		0.035	0.033	0.033	0.034
		(1.455)	(1.359)	(1.391)	(1.412)
Lev		0.144	0.139	0.142	0.140
		(1.551)	(1.498)	(1.522)	(1.504)
FIXED		0.180	0.174	0.170	0.182*
		(1.624)	(1.571)	(1.534)	(1.646)
Growth		0.026	0.026	0.026	0.027
		(1.194)	(1.187)	(1.188)	(1.228)
lnboard		-0.028	-0.029	-0.038	-0.037
		(-0.307)	(-0.317)	(-0.414)	(-0.397)
Indep		0.153	0.153	0.142	0.150
		(0.605)	(0.605)	(0.561)	(0.591)
Top1		-0.801***	-0.788***	-0.778***	-0.792***
		(-5.565)	(-5.480)	(-5.410)	(-5.507)
ListAge		0.020	0.021	0.026	0.024
		(0.335)	(0.359)	(0.447)	(0.412)
INST		-0.058	-0.053	-0.057	-0.058
		(-0.813)	(-0.749)	(-0.805)	(-0.822)
R&D		0.009***	0.009***	0.009***	0.009***
		(5.255)	(5.265)	(5.221)	(5.259)

续表

	(1) lnpat	(2) lnpat	(3) lnpat	(4) lnpat	(5) lnpat
_cons	1.345***	0.596	0.657	0.655	0.643
	(104.109)	(1.006)	(1.109)	(1.106)	(1.085)
N	10 473	10 473	10 473	10 473	10 473
R^2_a	0.803	0.804	0.804	0.804	0.804

注：*、**、*** 分别代表 10%、5% 和 1% 的显著性水平。

（二）党组织影响企业创新的中介效应检验

在 H_5 得到验证的前提下，进一步分析党组织影响企业创新的作用机制。我们认为，党组织主要是通过影响员工权益保护来促进企业创新的，党组织参与公司治理会促使企业缴纳更多的社保、增加人力资本积累、降低企业内部收入不平等程度。因此，我们分别使用企业社保缴费水平、人力资本积累程度和企业内部收入不平等程度来衡量员工权益保护程度。

1. 提升社保缴费水平

借鉴魏志华和夏太彪（2020）的做法，本书采用"应付职工薪酬"科目下"社会保险费"本期增加额除以营业收入衡量企业社会保险投入水平（Insurance），回归结果列示于表 5.4。从表 5.4 第（1）列中可以看到，Party 的系数显著为正，表示党组织参与公司治理程度越高，企业社保投入程度越高。在第（2）列中加入社会保险投入水平（Insurance），Insurance 指数的系数显著为正，即社会保险投入水平越大，创新水平越高；与此同时，Party 的系数显著为正，表明党组织参与公司治理通过提升企业社保投入程度进而提高了企业创新水平。

2. 提升人力资本积累程度

参考 Wang 等（2023a）的做法，本书使用企业中本科以上学历员工数量占总员工数量比例作为企业人力资本积累（HC）的度量指标，回归结果列示于表 5.4。从表 5.4 第（3）列中可以看到，Party 的系数显著为正，表示党组织参与公司治理程度越高，企业人力资本积累程度越高。在第（4）列中加入 HC，HC 的系数显著为正，即人力资本积累程度越高，创新水平越高；与此同时，Party 的系数显著为正，表明党组织参与公司治理通过提升企业人力资本积累程度进而提高了企业创新水平。

3. 降低企业内部收入不平等程度

参考张克中等（2021）的做法，本书选择管理层与普通员工之间的相对薪酬差距对企业内部收入不平等进行刻画。具体地，本书选取管理层平均薪酬与普通员工平均薪酬之比的自然对数度量收入不平等（RPG），回归结果列示于表5.4。从表5.4第（5）列中可以看到，Party的系数显著为负，表明党组织参与公司治理程度越高，企业员工薪酬差距越小。在第（6）列中加入收入不平等指标（RPG），RPG的系数显著为负，即企业员工薪酬差距越小，创新水平越高；与此同时，Party的系数显著为正，表明党组织参与公司治理通过降低企业内部收入不平等程度进而提高了企业创新水平。

表5.4 党组织、员工权益保护与企业创新

	(1) Insurance	(2) lnpat	(3) HC	(4) lnpat	(5) RPG	(6) lnpat
Party	0.002**	0.247***	0.011*	0.247***	−0.209***	0.222***
	(2.194)	(3.621)	(1.661)	(3.624)	(−7.576)	(3.244)
Insurance		2.258**				
		(2.520)				
HC				0.365***		
				(3.233)		
RPG						−0.141***
						(−5.412)
Size	−0.001***	0.038	0.011***	0.031	0.108***	0.050**
	(−4.925)	(1.584)	(5.152)	(1.279)	(11.217)	(2.079)
Lev	0.004***	0.136	−0.040***	0.159*	−0.116***	0.128
	(3.509)	(1.458)	(−4.597)	(1.705)	(−3.094)	(1.377)
FIXED	0.001	0.176	−0.065***	0.203*	−0.170***	0.156
	(1.094)	(1.596)	(−6.352)	(1.836)	(−3.816)	(1.409)
Growth	−0.003***	0.032	0.003	0.025	0.001	0.027
	(−9.744)	(1.444)	(1.605)	(1.140)	(0.133)	(1.203)
lnboard	0.001	−0.030	0.010	−0.032	−0.091**	−0.041
	(0.670)	(−0.325)	(1.179)	(−0.347)	(−2.451)	(−0.447)
Indep	−0.001	0.155	0.012	0.149	0.166	0.176
	(−0.206)	(0.610)	(0.519)	(0.587)	(1.626)	(0.698)
Top1	0.003	−0.807***	0.031**	−0.812***	−0.245***	−0.835***
	(1.642)	(−5.609)	(2.290)	(−5.644)	(−4.222)	(−5.807)
ListAge	−0.003***	0.026	−0.017***	0.026	−0.061***	0.011
	(−4.064)	(0.442)	(−3.206)	(0.444)	(−2.600)	(0.188)

续表

	(1) Insurance	(2) lnpat	(3) HC	(4) lnpat	(5) RPG	(6) lnpat
INST	-0.001	-0.055	0.036***	-0.071	0.054*	-0.050
	(-1.232)	(-0.780)	(5.489)	(-0.997)	(1.901)	(-0.706)
R&D	0.000***	0.009***	-0.000	0.009***	0.000	0.009***
	(3.831)	(5.152)	(-0.562)	(5.277)	(0.521)	(5.293)
_cons	0.049***	0.486	0.026	0.587	-1.113***	0.440
	(7.067)	(0.818)	(0.468)	(0.991)	(-4.661)	(0.743)
N	10 473	10 473	10 473	10 473	10 473	10 473
R^2_a	0.540	0.805	0.795	0.805	0.597	0.805

注：*、**、*** 分别代表10%、5%和1%的显著性水平。

(三) 稳健性检验

1. 双重差分法

2017年10月，党的十九大通过《中国共产党章程（修正案）》，为国有企业党组织开展工作、发挥作用提供了准确定位和明确航标。在党的十九大召开后，国有企业对党组织建设工作的重视程度出现极大提升。参考既有文献（Ahern and Dittmar，2012），本书将国有企业党建工作会议的召开作为事件发生时点，利用2017年前后各4年的观测值进行双重差分（DID）检验，以增强对党组织建设与企业创新之间的因果关系识别。

首先，我们验证本研究的DID模型满足共同趋势检验的前提，如图5.1所示，X轴为政策时点，Y轴为政策的动态效应，满足平行趋势检验。接下来，我们使用DID模型来检验党组织对企业创新的影响。具体地，本章构建如下双重差分模型进行检验：

$$\ln pat_{i,t}=\alpha_0+\alpha_1 Party\_2017_{i,t}\times Post_{i,t}+\sum Controls_{i,t}+\sum Year_{i,t}+\sum Firm_{i,t}+\varepsilon_{i,t} \quad (5.2)$$

其中，Party_2017表示2017年该国企党组织参与公司治理程度。在2017年10月党的十九大召开前，国企党组织参与公司治理程度越高，该企业越可能受到党的十九大召开的影响，因此将这部分上市公司视为更可能受到党的十九大召开影响的样本。当样本企业所处年份大于等于2017时，Post取值为1，否则取0。表5.5第（1）列报告了双重差分模型的回归结果。结果显示，交互项（Party_2017×Post）的估计系数在1%的水平上显著为正，表明在党的十九大召开后，党组织建设水平较高的国企创新水平得到更好的提升，支持了本书的研究结论。

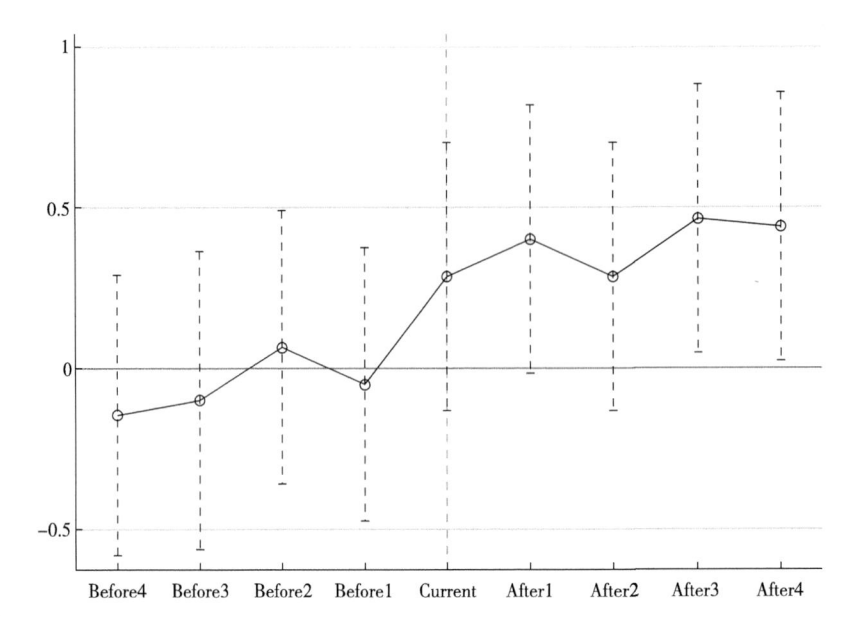

图 5.1　平行趋势检验

资料来源：笔者整理。

表 5.5　稳健性检验（一）

	（1） lnpat	（2） Party	（3） lnpat	（4） DParty	（5） lnpat
Party_2017×Post	0.475 *** (3.704)				
Group		0.012 *** (3.217)			
Party			4.077 * (1.736)		0.234 *** (3.420)
Group				0.163 *** (3.260)	
IMR					0.425 *** (2.821)
Size	0.032 (1.050)	−0.011 *** (−3.112)	0.079 ** (2.037)	0.038 (1.251)	0.049 ** (1.989)

续表

	(1) lnpat	(2) Party	(3) lnpat	(4) DParty	(5) lnpat
Lev	−0.053	−0.039***	0.290**	0.108	0.074
	(−0.451)	(−2.706)	(2.071)	(0.685)	(0.768)
FIXED	0.095	−0.028*	0.292**	0.219	0.257**
	(0.677)	(−1.660)	(2.009)	(1.306)	(2.259)
Growth	0.050*	0.001	0.022	−0.067	0.012
	(1.839)	(0.370)	(0.847)	(−1.455)	(0.507)
lnboard	−0.177	−0.052***	0.175	0.456***	0.009
	(−1.527)	(−3.686)	(1.064)	(2.715)	(0.100)
Indep	−0.267	−0.007	0.187	0.830*	0.528*
	(−0.844)	(−0.193)	(0.637)	(1.686)	(1.847)
Top1	−0.811***	0.099***	−1.186***	1.240***	−0.241
	(−4.507)	(4.474)	(−4.101)	(5.441)	(−0.981)
ListAge	−0.129*	0.028***	−0.087	0.466***	0.202**
	(−1.722)	(3.114)	(−0.926)	(8.764)	(2.315)
INST	−0.014	0.012	−0.103	0.099	−0.108
	(−0.151)	(1.143)	(−1.192)	(0.715)	(−1.475)
R&D	0.009***	0.000	0.009***	−0.004	0.007***
	(3.607)	(0.128)	(4.450)	(−1.290)	(3.776)
_cons	1.700**	0.388***		3.504	−1.120
	(2.242)	(4.394)		(0.018)	(−1.319)
N	7 630	10 448	10 380	10 217	10 448
R^2_a	0.813	0.185	−0.434		0.805

注：*、**、***分别代表10%、5%和1%的显著性水平。

2. 工具变量法（2SLS）

本书在模型中控制了一系列企业层面特征变量和年度、个体固定效应，但是还要考虑到党组织参与公司治理与企业创新之间可能存在不可观测因素的干扰。为此，本书借鉴马连福等（2013）的研究，选取母公司是否为集团（Group）作为外生工具变量，使用两阶段最小二乘法来缓解内生性问题。回归结果如表5.5第（2）（3）列所示。考虑了内生性问题之后，党组织参与公司治理（Party）与企业创新（lnpat）的回归系数依然显著为正，与前文结论基本保持一致。

3. 样本选择问题（Heckman）

本书在样本选取时对高管任职信息不全以及相关数据缺失的样本进行了剔除，可能存在选择性偏误问题，故需要采用 Heckman 两阶段法进行修正。

在第一阶段，将企业党组织参与公司治理程度的哑变量（DParty）作为被解释变量，若该企业党组织参与公司治理（Party>0），则取值为 1，反之为 0；并将外生工具变量（Group）以及控制变量作为解释变量，进行 Probit 回归。然后将第一阶段估计出的逆米尔斯比率（IMR）加入第二阶段检验模型进行回归，估计校正选择性偏误后的党组织参与公司治理对企业创新的影响。由表 5.5 第（4）（5）列可知，检验结果依然稳健。

4. 倾向得分匹配（PSM）

公司党组织参与公司治理并不是一个随机选择的结果，因此采用 PSM 来解决自选择问题。具体而言，本书使用的自变量是连续变量，因此，选取每个企业全部样本期的党组织参与公司治理程度均值作为临界值，按照企业是否高于均值，将样本分为高党组织参与公司治理组（Dparty=1）和低党组织参与公司治理组（Dparty=0）。选取与前文一致的控制变量，对样本采用 1∶1 无放回近邻匹配，匹配前后协变量的系数和显著性水平呈下降趋势。使用匹配后的样本进行回归，结果如表 5.6 第（1）列所示。可以看出，回归结果与基准回归结果一致。

表 5.6　稳健性检验（二）

	(1) lnpat	(2) lnpat	(3) lnpat
Party	0.315***	0.240***	
	(3.764)	(3.472)	
Party2			0.038***
			(4.658)
Size	0.048	0.035	0.034
	(1.452)	(1.460)	(1.412)
Lev	0.311**	0.187**	0.144
	(2.412)	(1.968)	(1.553)
FIXED	0.048	0.205*	0.177
	(0.323)	(1.834)	(1.604)
Growth	0.043	0.022	0.027
	(1.416)	(0.997)	(1.205)
lnboard	−0.156	−0.001	−0.048
	(−1.288)	(−0.011)	(−0.514)

续表

	（1）	（2）	（3）
	lnpat	lnpat	lnpat
Indep	0.156	0.171	0.137
	(0.479)	(0.668)	(0.540)
Top1	-0.997***	-0.810***	-0.801***
	(-5.326)	(-5.562)	(-5.573)
ListAge	0.020	0.086	0.017
	(0.232)	(1.325)	(0.295)
INST	-0.053	-0.079	-0.059
	(-0.565)	(-1.085)	(-0.826)
R&D	0.009***	0.009***	0.009***
	(3.944)	(5.101)	(5.229)
_cons	0.576	0.308	0.710
	(0.710)	(0.509)	(1.201)
N	6 350	10 005	10 473
R^2_a	0.807	0.806	0.805

注：*、**、***分别代表10%、5%和1%的显著性水平。

5. 其他稳健性检验

（1）排除高新技术企业样本的影响。高新技术企业创新能力更高、创新意愿更为强烈。因此，为了避免行业性质影响研究结果，本书剔除高新技术企业样本后进行检验，结果如表5.6第（2）列所示。可以看出，回归结果未发生变化。

（2）变量替换。将党委与董事会重合人数（$Party\_board$）、党委与监事会重合人数（$Party\_sup$）以及党委与管理层重合人数（$Party\_man$）三个指标以主成分法拟合成党组织参与公司治理综合指数（$Party2$），第一主成分拟合程度为64.57%。其中，党组织参与董事会、监事会、管理层三个指标的载荷因子分别为0.618、0.525、0.585，利用该指数重新回归，结果如表5.6第（3）列所示。可以看出，回归结果与基准回归结果一致。

第三节 异质性分析与党委书记任职的影响

一、异质性分析

（一）行业属性的影响

行业管制是一种重要的外部影响因素。管制形成的外部环境会影响企业内部治理，进而影响党组织发挥作用的空间。参考夏立军和陈信元（2007）的做法，本书按照证监会行业分类指引代码，将样本企业划分为管制行业（Regulated）和非管制行业（Unregulated）。表 5.7 第（1）（2）列的结果显示，处于非管制行业的企业，党组织参与公司治理对企业创新的回归系数显著为正，而处于管制行业的企业回归结果则不显著。

（二）企业隶属关系的影响

创新具有高风险和外部性。熊彼特（Schumpeter，2010）强调，在所有的创新主体中，大型企业有能力通过研发创新来消化创新风险并通过市场控制能力实现创新成果的价值，因而是技术创新的主要动力。中国央企作为大型的国有企业群体，是经济的重要支柱，其自身的企业创新对中国的经济增长和国家发展战略具有重要的经济意义。同时，在中国，央企担负着转变经济发展方式和建设创新型国家的重任，党和国家制定的政策方针会明显体现在央企行为中。因此，本书按级别将国有企业分为中央国有企业（CSOEs）和地方国有企业（SOEs）两组进行检验。央企是由中央政府监督管理的国有企业，上市公司最终控制人为国务院国资委的国有企业为央企；其他为地方国企。表 5.7 第（3）（4）列的结果显示，党组织参与治理对企业创新的影响在央企中效果更为明显。

表 5.7 异质性检验（一）

	（1） Regulated lnpat	（2） Unregulated lnpat	（3） SOEs lnpat	（4） CSOEs lnpat
Party	0.157	0.321***	0.179	0.199**
	(1.417)	(3.704)	(1.605)	(2.260)
Size	0.121***	−0.003	−0.040	0.050
	(2.843)	(−0.115)	(−0.982)	(1.493)
Lev	0.280*	0.010	−0.225	0.375***
	(1.879)	(0.084)	(−1.526)	(2.880)
FIXED	0.005	0.324**	0.283	0.070
	(0.031)	(2.038)	(1.498)	(0.473)
Growth	0.004	0.041	0.038	0.013
	(0.111)	(1.501)	(1.061)	(0.441)
lnboard	0.203	−0.219*	−0.052	−0.032
	(1.348)	(−1.873)	(−0.347)	(−0.258)

续表

	(1) Regulated lnpat	(2) Unregulated lnpat	(3) SOEs lnpat	(4) CSOEs lnpat
Indep	0.871**	-0.390	0.608	-0.207
	(2.068)	(-1.237)	(1.459)	(-0.627)
Top1	-1.168***	-0.606***	-0.432*	-0.910***
	(-4.992)	(-3.306)	(-1.800)	(-4.610)
ListAge	0.300***	-0.113	0.064	0.043
	(2.795)	(-1.628)	(0.698)	(0.530)
INST	-0.039	-0.070	-0.183	0.019
	(-0.333)	(-0.793)	(-1.622)	(0.203)
R&D	0.012***	0.007***	0.014***	0.006***
	(4.231)	(3.189)	(4.855)	(2.732)
_cons	-2.851***	2.421***	2.137**	0.247
	(-2.719)	(3.401)	(2.203)	(0.297)
N	4 170	6 296	4 619	5 854
R^2	0.789	0.817	0.800	0.819

注：*、**、***分别代表10％、5％和1％的显著性水平。

（三）地区经济特征的影响

一般来说，一个省份的经济发达程度往往与其人均收入呈现正相关关系。在经济繁荣的背景下，信息交流机制也趋于高效、顺畅，为企业的创新活动提供有力支撑。换言之，高收入水平的省份，不仅经济体系更为成熟、先进，还增强了信息流通的便捷性，进而为企业创新营造更加有利的外部环境。本书选取省级层面城镇居民人均可支配收入的自然对数代表人均收入水平（PDI），以度量地区经济发达程度；选取省级 GDP 的年增长率度量地区经济增长速度（GGDP），将样本按均值分为经济发达组（$PDI=1$）与经济欠发达组（$PDI=0$），以及经济增长迅速组（$GGDP=1$）和经济增长缓慢组（$GGDP=0$），对样本进行分类检验。表5.8第（1）列至第（4）列结果显示，在地区经济发达以及经济增长迅速的企业，党组织参与公司治理对企业创新的促进作用更显著。

（四）员工信任程度的影响

作为企业创新决策的执行者，员工之间建立相互信任、充满正能量的团队可有效提升公司整体效率，增强企业生产力、创造性与灵活性。当企业员工间信任程度较高时，员工会更乐意执行管理层下达的创新任务，不但会利用既有的资源提高工作效率，还会积极发挥即兴能力，为组织的创新发展出谋划策，推动组织持续健康发展。因此，本书选择员工离职率衡量企业员工信任程度，按离职率高低将样本分为员工信任程度高组（Trust=1）和员工信任程度低组（Trust=0）。表5.8第（5）（6）列的分组检验结果显示，在员工信任程度更高的企业，党组织参与公司治理对企业创新的促进作用更明显。

表5.8 异质性检验（二）

	（1）	（2）	（3）	（4）	（5）	（6）
	PDI=1	PDI=0	GGDP=1	GGDP=0	Trust=1	Trust=0
	lnpat	lnpat	lnpat	lnpat	lnpat	lnpat
Party	0.169*	0.151	0.388***	0.111	0.262***	0.028
	(1.808)	(1.361)	(3.356)	(1.178)	(3.371)	(0.162)
Size	−0.004	0.122***	0.052	−0.012	−0.022	0.232***
	(−0.098)	(3.467)	(1.547)	(−0.289)	(−0.790)	(4.167)
Lev	0.163	0.252*	0.284**	0.089	0.216*	0.038
	(0.979)	(1.949)	(2.053)	(0.600)	(1.936)	(0.179)
FIXED	0.182	0.157	0.192	0.210	0.039	0.513*
	(0.870)	(1.083)	(1.192)	(1.176)	(0.305)	(1.873)
Growth	0.040	−0.023	0.011	0.051	0.019	0.083
	(1.198)	(−0.806)	(0.336)	(1.481)	(0.735)	(1.345)
lnboard	0.079	−0.056	−0.107	−0.003	0.008	−0.090
	(0.519)	(−0.431)	(−0.768)	(−0.022)	(0.071)	(−0.405)
Indep	−0.080	0.030	0.013	0.295	0.007	1.067*
	(−0.195)	(0.087)	(0.035)	(0.692)	(0.024)	(1.714)
Top1	−0.304	−0.568***	−0.972***	−0.518**	−0.865***	−0.274
	(−1.217)	(−2.644)	(−4.687)	(−2.221)	(−5.287)	(−0.696)
ListAge	−0.010	−0.094	0.085	−0.081	0.001	−0.036
	(−0.116)	(−0.920)	(0.975)	(−0.848)	(0.013)	(−0.230)
INST	0.053	0.116	−0.185*	0.061	−0.070	−0.174
	(0.449)	(1.220)	(−1.805)	(0.519)	(−0.873)	(−0.875)
R&D	0.006*	0.007***	0.009***	0.007**	0.009***	0.007
	(1.807)	(2.985)	(3.498)	(2.166)	(4.412)	(1.595)

续表

	（1）	（2）	（3）	（4）	（5）	（6）
	PDI=1	PDI=0	GGDP=1	GGDP=0	Trust=1	Trust=0
	lnpat	lnpat	lnpat	lnpat	lnpat	lnpat
_cons	1.285	−1.204	0.232	1.796*	2.010***	−4.185***
	(1.161)	(−1.367)	(0.275)	(1.814)	(2.858)	(−3.014)
N	5 110	5 363	5 362	5 111	8 345	2 128
R^2_a	0.834	0.828	0.779	0.824	0.804	0.836

注：*、**、***分别代表10%、5%和1%的显著性水平。

二、党委书记任职的影响

党委书记是党组织的核心。在国有企业中，通常由董事长或总经理兼任党委书记，党委书记和董事长可以一人兼任，而董事长、总经理原则上分设。中共中央、国务院《关于深化国有企业改革的指导意见》也指出，"党组织书记、董事长一般由一人担任"。根据我们的统计，45.7%的样本企业由董事兼任党委书记，3.5%的企业由监事兼任党委书记，10.2%的企业由管理层兼任党委书记，即党委书记主要是由董事兼任的，管理层次之，监事最少。我们进一步检验了党委书记任职情况对企业创新的影响，结果如表5.9所示。研究结果显示，由管理层兼任党委书记会显著促进企业创新，而董事或者监事兼任党委书记对创新的影响均不显著。这可能是因为党委书记只有参与到企业的实际执行中来，才能对企业创新行为产生影响。

表5.9 党委书记任职的影响

	（1）	（2）	（3）
	lnpat	lnpat	lnpat
PC_dir	0.021		
	(1.057)		
PC_sup		−0.031	
		(−0.669)	
PC_man			0.100***
			(3.452)
Size	0.033	0.032	0.035
	(1.363)	(1.341)	(1.477)

续表

	(1) lnpat	(2) lnpat	(3) lnpat
Lev	0.132	0.135	0.128
	(1.416)	(1.445)	(1.379)
FIXED	0.174	0.173	0.177
	(1.575)	(1.566)	(1.601)
Growth	0.027	0.027	0.026
	(1.196)	(1.208)	(1.178)
lnboard	-0.044	-0.042	-0.037
	(-0.479)	(-0.450)	(-0.402)
Indep	0.146	0.151	0.161
	(0.574)	(0.595)	(0.634)
Top1	-0.777***	-0.775***	-0.787***
	(-5.405)	(-5.388)	(-5.477)
ListAge	0.025	0.027	0.025
	(0.435)	(0.464)	(0.423)
INST	-0.054	-0.056	-0.057
	(-0.763)	(-0.784)	(-0.797)
R&D	0.009***	0.009***	0.010***
	(5.257)	(5.255)	(5.314)
_cons	0.689	0.698	0.612
	(1.163)	(1.179)	(1.032)
N	10 473	10 473	10 473
R^2_a	0.804	0.804	0.804

注：*、**、*** 分别代表10%、5%和1%的显著性水平。

本章小结

本章是本书实证研究的第二步，将研究视角从企业外部的产业政策转移到企业内部的政策实施保障上，聚焦企业内部党组织在政策执行和实施过程中的保障作用，即党组织参与公司治理对劳动保护、企业创新的影响，实证检验 H_5。研究结果表明，党组织参与公司治理能促进企业创新，这种促进作用主要是通过保护员工权益实现的，即通过提高员工社保投入、增加人力资本积累、缩小内部收入差距，进而促进企业创新。进一步讨论还发现，这一作用在非管制行业、央企、经济发达地区、员工信任程度更高的企业中更显著，且当党委书记由管理层兼任时，这一影响更为显著。

第六章　社保投入与企业创新的实证检验

前面两章分别对企业面临的外部政策制定（政府补贴）和内部政策实施保障（党组织）对劳动保护的影响进行了实证检验。在相关假设得到验证的基础上，本章作为本书实证研究的第三步，进一步深入到劳动保护政策中的社会保险层面，以社会保险投入水平为代表，检验劳动保护对企业创新的影响效果。本章重点检验社会保险投入水平通过影响人力资本积累最终在企业创新上会有什么样的结果。

根据第三章第二节的理论框架，本章拟检验以下假设：

H_6：社会保险投入水平越高，企业创新绩效水平也越高。

H_7：社会保险投入水平提高企业人力资本积累程度，使企业创新绩效水平提高。

H_8：征缴机构转变后，在税收征管强度较高的地区，社会保险投入水平对企业创新绩效的影响更为显著。

第一节　研究设计

一、样本选择与数据来源

本书以2008—2021年全部A股上市公司的数据为研究样本，剔除ST、PT、金融保险类上市公司。分年度对连续型财务变量进行了缩尾处理，并使用公司层面的聚类稳健标准误。变量数据均来源于CSMAR数据库，其中企业员工人数及构成比例数据、员工持股数据来源于Wind数据库，计算各地区税收征收强度的数据来源于中国国家统计局网站。

二、变量说明和模型设计

（一）因变量

被解释变量为企业创新绩效（Innovation），借鉴易靖韬等（2015）的研究，采用研发支出除以营业收入进行衡量。

（二）自变量

自变量为社会保险投入水平（Insurance），用"应付职工薪酬"科目下"社会保险费"本期增加额除以营业收入进行衡量（魏志华和夏太彪，2020）。

变量定义如表6.1所示。

表 6.1 变量定义

类型	名称	符号	定义
被解释变量	企业创新绩效	Innovation	研发支出/营业收入
解释变量	社会保险投入水平	Insurance	"应付职工薪酬"科目下"社会保险费"本期增加额/营业收入
中介变量	人力资本积累	HC1	本科以上学历员工数量占总员工数量比例
		HC2	研发人员数量占总员工数量比例
	外部融资依赖度	EFD	（资本支出−经营性现金流量净额）/资本支出
控制变量	公司规模	Size	总资产的自然对数
	企业成长性	Growth	（当期营业收入总额−上期营业收入总额）/上期营业收入总额
	资产负债率	Lev	负债总额/总资产
	总资产净利率	Roa	净利润/总资产
	固定资产比率	PPE	固定资产/总资产
	现金资产比率	Cash	（货币资金总额+交易性金融资产总额）/公司总资产金额
	企业上市年限	Age	样本观测年份−企业上市年份
	第一大股东持股比例	Top1	第一大股东持有股份数/总股本股数
	董事会规模	Board	董事会人数取自然对数
	行业固定效应	Ind	按证监会分类标准设行业虚拟变量
	年份固定效应	Year	以2008年为基准，设年份虚拟变量
调节变量	税收征管强度	TE	实际税收收入−预计税收收入
	产权性质	SOE	国有企业取值为1，否则为0
	劳动密集度	Intensive	员工人数/营业收入后取自然对数

资料来源：CCER、CSMAR、WIND数据库。

（三）模型设计

为了检验社会保险投入水平对公司创新的影响，我们构建如下模型：

$$Innovation_{i,t} = \alpha_0 + \alpha_1 Insurance_{i,t} + \sum Controls_{i,t} + \sum Year_{i,t} + \sum Industry_{i,t} + \varepsilon_{i,t} \tag{6.1}$$

$$HC_{i,t}/EFD_{i,t} = \beta_0 + \beta_1 Insurance_{i,t} + \sum Controls_{i,t} + \sum Year_{i,t} + \sum Industry_{i,t} + \varepsilon_{i,t} \tag{6.2}$$

$$Innovation_{i,t} = \gamma_0 + \gamma_1 Insurance_{i,t} + \gamma_2 HC_{i,t}/EFD_{i,t} + \sum Controls_{i,t} + \sum Year_{i,t} + \sum Industry_{i,t} + \varepsilon_{i,t} \tag{6.3}$$

模型（6.1）用于检验 H_6。模型（6.2）和模型（6.3）为中介效应检验模型，其中人力资本积累（HC）的研究，选取企业中本科以上学历员工数量占总员工数量的比例以及企业研发人员数量占总员工数量的比例进行衡量（程欣和邓大松，2020）。外部融资依赖度（EFD）参考拉詹和津加莱斯（Rajan and Zingales，1998），以资本支出减去经营性现金流量净额再除以资本支出进行衡量。税收征管强度（TE）以各地区实际收取的税收收入与预计可以获取的税收收入二者之间的差额衡量（陈德球等，2016）。

第二节　实证分析

一、描述性统计

表6.2为描述性统计结果。企业创新绩效（Inovation）的均值为0.047，最大值为0.256，表明越来越多的企业开始关注创新。社会保险投入水平（Insurance）均值为0.019，标准差为0.016，与现有研究结果基本一致。本科以上学历人员占比（HC1）的均值为0.237，而研发人员数量占比（HC2）的均值为0.205。税收征管强度（TE）数据显示，不同地区之间的征管强度存在较为明显的差异，最小值为-0.040，最大值为0.059。

表6.2　变量描述性统计结果

变量名称	N	mean	sd	min	p50	max
Innovation	11 286	0.047	0.045	0.000	0.037	0.256
Insurance	11 286	0.019	0.016	0.001	0.014	0.116
HC1	11 286	0.237	0.202	0.000	0.181	0.882
HC2	11 286	0.205	0.261	0.003	0.128	0.562

续表

变量名称	N	mean	sd	min	p50	max
TE	11 286	-0.003	0.021	-0.040	-0.004	0.059
Size	11 286	21.930	1.215	19.030	21.740	27.000
Growth	11 286	1.049	2.985	-0.961	0.192	21.770
Lev	11 286	0.397	0.198	0.050	0.385	1.100
Roa	11 286	0.046	0.065	-0.295	0.044	0.240
PPE	11 286	0.210	0.145	0.002	0.184	0.725
Cash	11 286	0.168	0.130	0.006	0.130	0.704
Age	11 286	7.494	6.321	0.000	6.000	25.000
Top1	11 286	34.700	14.540	8.500	33.000	75.010
Board	11 286	2.125	0.196	1.609	2.197	2.708

二、回归结果分析

（一）企业社会保险投入水平与创新绩效的回归结果

我们以创新绩效为被解释变量进行回归，检验社会保险投入对企业创新的影响。由表6.3第（1）列的回归结果可知，社会保险投入对企业创新水平产生显著正向影响，H_6得到证明。这表明，社会保险作为减轻劳动者后顾之忧、增加劳动者福利的重要保障，对员工的工作积极性和工作效率可产生积极影响，有利于提高企业的创新绩效水平。

表6.3 社会保险投入水平、税收征管强度与企业创新

	（1）Innovation	（2）Innovation TE_DUM=1	（3）Innovation TE_DUM=0
Insurance	0.984 9***	1.062 8***	0.890 2***
	(15.01)	(33.92)	(27.46)
Size	0.000 2	0.001 0**	-0.000 5
	(0.42)	(2.11)	(-1.02)
Growth	-0.000 5	-0.000 1	-0.000 1
	(-0.44)	(-0.53)	(-0.11)
Lev	-0.024 3***	-0.031 2***	-0.017 8***
	(-6.56)	(-9.43)	(-5.63)

续表

	（1） Innovation	（2） Innovation TE_DUM=1	（3） Innovation TE_DUM=0
Roa	-0.002 6	-0.017 3**	0.012 5
	(-0.29)	(-2.19)	(1.54)
PPE	-0.022 4***	-0.025 2***	-0.018 7***
	(-5.11)	(-6.02)	(-4.81)
Cash	0.010 6*	0.010 3**	0.011 9***
	(1.96)	(2.38)	(2.89)
Age	-0.000 6***	-0.000 7***	-0.000 6***
	(-7.04)	(-8.48)	(-7.33)
Top1	-0.000 3***	-0.000 3***	-0.000 3***
	(-6.97)	(-9.02)	(-8.26)
Board	-0.010 8***	-0.011 8***	-0.009 5***
	(-3.70)	(-4.64)	(-3.86)
_cons	0.050 9***	0.036 6***	0.064 8***
	(3.31)	(2.90)	(5.20)
Year&Ind	Yes	Yes	Yes
N	11 286	5 636	5 650
R^2	0.452	0.489	0.404

注：括号内为 t 值，*、**、*** 分别代表10%、5%和1%的显著性水平。

（二）税收征管强度对社会保险投入与企业创新绩效的影响

自2019年起，我国社会保险的征缴职责已逐步转由税务部门承担。相较于先前的社保征收机构，税务部门在数据获取的深度与广度、监管措施的有效性以及法律执行的权威性等方面展现出明显优势。这一转变有效遏制了企业可能出现的社保缴纳不足或逃避缴纳的行为，强化了对员工权益的保障。理论上，在税收征管强度较高的地域环境中，社会保险投入水平与企业创新绩效之间的正向关系应更显著。我们将样本分为税收征管强度较高组（TE_DUM=1）和税收征管强度较低组（TE_DUM=0）。表6.3第（2）（3）列的结果显示，社会保险投入水平与企业创新绩效均呈显著的正相关关系，税收征管强度较高地区的系数为1.063，高于税收征管强度较低地区的系数（0.89），且两组系数存在显著差异，

H_8 得以验证。

(三) 社会保险投入水平影响创新绩效中介效应检验

在 H_6 得到验证的前提下,我们进一步分析社会保险投入水平影响企业创新绩效的作用机制。本研究使用企业中本科以上学历员工数量占总员工数量比例 (HC1) 与研发人员数量占总员工数量比例 (HC2) 衡量企业人力资本积累,结果如表6.4所示。研究结果揭示了社会保险投入对企业创新的作用机制——社会保险投入水平可通过对企业人力资本积累的影响对企业创新绩效产生促进作用。

表6.4 中介效应检验

	(1) HC1	(2) Innovation	(3) HC2	(4) Innovation
HC1		0.053 4***		
		(14.34)		
HC2				0.043 0***
				(13.32)
Insurance	1.297 4***	0.915 7***	0.862 2***	0.947 9***
	(7.69)	(14.54)	(3.04)	(15.55)
Size	0.011 1***	-0.000 3	-0.019 5***	0.001 0*
	(4.43)	(-0.62)	(-4.97)	(1.91)
Growth	0.001 2*	-0.000 1	0.018 5***	-0.000 8***
	(1.83)	(-0.90)	(10.38)	(-6.22)
Lev	-0.000 4	-0.024 4***	-0.079 8***	-0.020 9***
	(-0.03)	(-6.89)	(-3.35)	(-6.05)
Roa	0.042 0	-0.004 8	0.001 7	-0.002 7
	(1.25)	(-0.58)	(0.04)	(-0.32)
PPE	-0.234 0***	-0.009 9**	-0.168 9***	-0.015 2***
	(-11.66)	(-2.30)	(-6.42)	(-3.61)
Cash	0.121 3***	0.004 2	0.150 1***	0.004 2
	(6.01)	(0.79)	(4.80)	(0.82)
Age	-0.000 9**	-0.000 6***	-0.002 0***	-0.000 6***
	(-2.18)	(-6.83)	(-3.87)	(-6.45)
Top1	-0.000 4**	-0.000 3***	-0.000 4**	-0.000 3***
	(-2.27)	(-6.81)	(-2.02)	(-6.91)

续表

	(1) HC1	(2) Innovation	(3) HC2	(4) Innovation
Board	-0.002 1	-0.010 7***	-0.048 2***	-0.008 7***
	(-0.17)	(-3.82)	(-3.06)	(-3.26)
_cons	-0.050 8	0.053 7***	0.775 8***	0.017 6
	(-0.80)	(3.75)	(9.08)	(1.17)
Year&Ind	Yes	Yes	Yes	Yes
N	11 286	11 286	11 286	11 286
R^2	0.442	0.484	0.293	0.496

注：*、**、***分别代表10%、5%和1%的显著性水平。

（四）稳健性检验

1. 双重差分法

2010年10月28日，《社会保险法》的正式颁布，标志着员工权益保障迈入了一个新的制度化阶段。它不仅深化了对员工基本权益的维护，还实质性提升了员工的话语权。同时，作为一项强制性规定，推动了企业严格遵守社会保险缴纳义务。特别是在那些依赖高素质、高技能人才（如高学历人才、专业技术人员）的人力资本密集型企业中，《社会保险法》实施的激励效应更强。人力资本密集度作为衡量企业人力资源质量与结构的关键指标，其高低直接关系到企业创新与发展的潜力。由于知识型员工对企业业绩的突出贡献及其知识与技能对生产率的决定性作用，当《社会保险法》强化了劳动保护机制时，这些员工因感受到更强的安全感，工作积极性与努力程度得到正向激励（黄平，2012）。随着《社会保险法》的实施，企业在社会保险领域的投入呈现出增长趋势。因此，本书选取2011年《社会保险法》的实施作为外生政策冲击，构建双重差分模型（DID），验证本书研究结论的稳健性。

参考廖冠民和宋蕾蕾（2020）的做法，以2010年的员工构成作为企业人力资本密集度的衡量指标。设置虚拟变量Treat，将高于人力资本密集度样本中位数的企业设置为实验组，Treat取1，否则为0。设置虚拟变量POST，将样本年份在2011年及以后的POST取值为1，否则为0。构建如下双重差分模型：

$$Innovation_{i,t} = \delta_0 + \delta_1 POST_{i,t} \times Treat_{i,t} + \sum Controls_{i,t} + \sum Year_{i,t} + \sum Industry_{i,t} + \varepsilon_{i,t}$$

(6.4)

如图6.1所示，在《社会保险法》实施之前，控制组和实验组创新绩效大致保持了相同趋势，而《社会保险法》实施后，实验组和控制组创新绩效增长趋势出现明显的变化——实验组创新绩效水平逐步提高，而控制组创新绩效水平逐步下降。因此，本书可以使用 DID 模型来检验社会保险投入对企业创新绩效的影响。

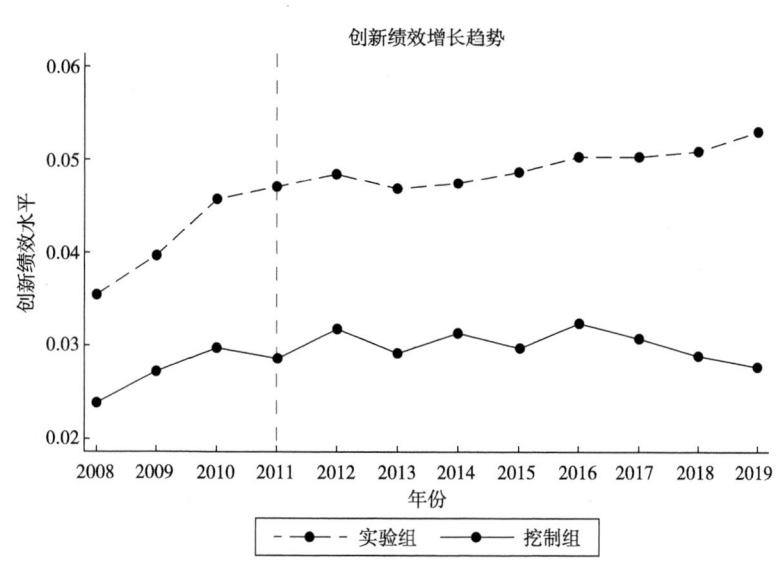

图 6.1 平行趋势检验

双重差分模型的回归结果如表 6.5 第（1）列所示，交乘项 δ_1 的系数在 1% 的水平上显著大于 0，说明在《社会保险法》实施后，通过强化企业社会保险缴纳的规范性，提升了社会保险投入水平，增强了对员工权益的保护，从而激发了员工工作积极性，最终促进了企业创新绩效的提高。

2. 解释变量滞后一期

企业开展研发活动到研发产出通常需要经历较长的时间周期，因此以社会保险投入到实现企业创新绩效的提高也需要较长的时间。滞后一期可以同时解决反向因果问题和各项因素带来的滞后效应问题。因此，本书进一步将所有解释变量滞后一期后与企业创新绩效重新进行回归，回归结果如表 6.5 第（2）列所示，结论依然稳健。

3. 变量替换

我们采用人均社会保险投入金额来衡量企业的社会保险投入水平，即当期企业社会保险增加额除以企业当期的员工人数。对于企业创新绩效的衡量，则采用企业所拥有的专利数量（Patent）这一指标。回归结果如表 6.5 第（3）（4）列所示，二者均呈正相关关系，结论依然稳健。

4. 安慰剂检验

虽然上面已验证了社会保险投入水平与企业创新绩效存在正相关关系，但前述结果可能是由于存在安慰剂效应所导致的。为使本书的研究结论更可靠，参考潘越等（2020）的研究，我们将样本中全部社会保险投入水平的观测值提取后，再重新随机分配到每一个"公司-年度"的观测值中，最后用随机分配后的数据对模型（6.1）重新进行回归，结果如表 6.6 第（1）列所示。可以看出，社会保险投入水平（Insurance）的系数不显著，说明不存在安慰剂效应，结论依然稳健。

5. 工具变量法

为了解决遗漏变量等内生性问题，本书借鉴周晓光和廖梦婷（2021）的相关研究，采用两阶段最小二乘法，以上市公司省会城市样本期间内的年度平均名义缴费率作为工具变量。这是因为：各地区名义缴费率会影响企业的实际社会保险投入水平，当名义缴费率较高时，社会保险投入也会相对较高；而且名义缴费率均由政府有关部门确定，对企业而言是外生的，满足工具变量相关性与外生性的要求。2SLS 的回归结果如表 6.6 第（2）（3）列所示，验证了本书研究结论的稳健性。

6. 改变样本规模

为了排除员工持股计划对研究结论的干扰（孟庆斌等，2019），在现有的样本中剔除了实施员工持股计划的样本，重新回归结果如表 6.6 第（4）列所示，研究结论依然稳健。

表 6.5 稳健性检验（1）

	(1) Innovation	(2) Innovation	(3) Innovation	(4) Patent
POST×Treat	0.006 3 ***			
	(4.62)			
L1Insurance		0.715 7 ***		
		(11.84)		
Insurance2			0.006 4 ***	
			(9.05)	
Insurance				3.090 5 *
				(1.68)
Size	−0.001 3 **	−0.000 0	−0.001 4 **	0.502 5 ***
	(−2.18)	(−0.03)	(−2.24)	(16.36)

续表

	(1) Innovation	(2) Innovation	(3) Innovation	(4) Patent
Growth	-0.000 5 ***	0.000 1	-0.000 8 ***	0.054 4 ***
	(-3.40)	(0.34)	(-5.92)	(6.09)
Lev	-0.030 9 ***	-0.028 2 ***	-0.029 6 ***	0.090 6
	(-7.57)	(-6.01)	(-7.35)	(0.55)
Roa	-0.014 6	-0.001 9	-0.014 8	1.143 3 ***
	(-1.52)	(-0.15)	(-1.56)	(2.93)
PPE	-0.015 0 ***	-0.023 6 ***	-0.013 9 ***	-0.018 4
	(-3.30)	(-4.40)	(-3.06)	(-0.09)
Cash	0.016 9 ***	0.012 2 **	0.013 8 **	-0.012 1
	(2.88)	(2.00)	(2.39)	(-0.06)
Age	-0.000 2 **	-0.000 6 ***	-0.000 4 ***	-0.030 8 ***
	(-2.14)	(-5.19)	(-3.81)	(-5.73)
Top1	-0.000 2 ***	-0.000 3 ***	-0.000 3 ***	0.001 2
	(-5.63)	(-5.71)	(-6.22)	(0.70)
Board	-0.006 2 **	-0.008 2 **	-0.007 5 **	0.171 0
	(-2.00)	(-2.33)	(-2.41)	(1.35)
_cons	0.093 7 ***	0.069 7 ***	0.037 2 **	-6.690 6 ***
	(6.36)	(3.79)	(2.26)	(-8.93)
Year&Ind	Yes	Yes	Yes	Yes
N	11 286	7 849	11 286	2 985
R^2	0.358	0.408	0.368	0.234

注：*、**、*** 分别代表 10%、5% 和 1% 的显著性水平。

表 6.6　稳健性检验（2）

	(1) Innovation	(2) Insurance	(3) Innovation	(4) Innovation
Insurance	0.021 5		0.292 7 **	0.964 8 ***
	(1.06)		(1.83)	(14.79)
Nom-insurance		0.108 8 ***		
		(17.28)		

123

续表

	（1）	（2）	（3）	（4）
	Innovation	Insurance	Innovation	Innovation
Size	-0.001 3**	-0.001 6***	-0.002 0***	0.000 2
	(-2.15)	(-10.14)	(-3.13)	(0.33)
Growth	-0.000 5***	-0.000 4***	-0.000 2*	-0.000 1
	(-3.31)	(-7.49)	(-2.14)	(-0.33)
Lev	-0.030 7***	-0.008 1***	-0.032 9***	-0.024 1***
	(-7.52)	(-8.84)	(-13.02)	(-6.47)
Roa	-0.013 5	-0.018 0***	-0.029 2***	-0.000 7
	(-1.39)	(-7.46)	(-4.67)	(-0.08)
PPE	-0.015 6***	-0.002 5***	-0.045 4***	-0.021 9***
	(-3.39)	(-2.84)	(-17.34)	(-4.98)
Cash	0.017 8***	0.014 9***	0.033 9***	0.011 6**
	(3.02)	(10.61)	(7.27)	(2.12)
Age	-0.000 3***	0.000 3***	-0.000 7***	-0.000 7***
	(-3.06)	(11.81)	(-8.19)	(-7.03)
Top1	-0.000 2***	0.000 0***	-0.000 4***	-0.000 3***
	(-5.53)	(2.11)	(-16.14)	(-6.97)
Board	-0.006 7**	0.005 3***	-0.010 3***	-0.010 6***
	(-2.13)	(6.31)	(-5.95)	(-3.59)
_cons	0.094 0***	0.013 9***	0.137 5***	0.053 3***
	(6.30)	(3.78)	(14.17)	(3.52)
Year&Ind	Yes	Yes	Yes	Yes
N	11 286	11 286	11 286	10 845
R^2	0.356	0.082	0.229	0.447

注：*、**、***分别代表10%、5%和1%的显著性水平。

第三节 异质性分析

一、产权性质分组检验

在中国特色的经济环境下，产权性质差异作为一大特征，不仅体现在国有企业与非国有企业的出资人身份上，更深层次地影响了它们的经营宗旨与目标设定。非国有企业作为以私营资本为主导的经济实体，其核心目标聚焦于收益最大化与股东价值的提升，具体表现为对收入增长与股东财富积累的追求。相比之下，国有企业承载着更为多元化的使命、责任。它们不仅要确保国有资产的稳定增值，维护国家经济安全与利益，还需在稳定就业市场、协助政府实施宏观经济调控等方面发挥积极作用。鉴于上述差异的存在，在市场机制驱动下，非国有企业往往展现出更为强劲的创新驱动力。它们能够更为灵活地调整资源配置，以响应市场变化与技术创新的需求，进而促使社会保险投入水平等关键要素更有效地转化为企业创新绩效的提升动力。因此，相较于国有企业，非国有企业在利用社会保险投入促进创新绩效方面可能更加显著。我们按企业产权性质进行分组，国有企业 $SOE=1$，非国有企业 $SOE=0$。表 6.7 第（1）（2）列所示的检验结果可知，非国有企业 $Insurance$ 的系数大于国有企业，且系数间存在显著差异，证明社会保险投入对企业创新的促进作用在非国有企业中更显著。

二、不同上市板块分组检验

当前，我国资本市场正处于持续优化与完善的阶段，主板市场已渐趋成熟，科创板、创业板则为科技创新型企业提供了重要的成长与孵化平台。作为资本市场不可或缺的一环，科创板与创业板不仅承载着推动中国企业实现技术创新、经济增长及产业结构深度转型的历史使命，还肩负着促进经济高质量发展的时代责任。创业板企业往往倾向于将创新视为企业成长的基石，不仅加大研发投入，还高度重视对研发创新活动的规划与执行。创业板企业往往汇聚更多具备创新思维与能力的优秀人才，形成创新型人才的高密度聚集。因此，相较于其他板块，创业板市场内企业的社会保险投入对创新绩效的积极促进作用更为明显。我们依据企业上市板块类型，将主板上市企业归类为 $List=1$，而将创业板及科创板上市企业归并为 $List=0$。通过分组回归分析，结果如表 6.7 第（3）（4）列所示。可以发现，创业板与科创板企业的社会保险投入对其创新绩效的回归系数大于主板企业的回归系数，且系数间存在显著差异，证明了创业板与科创板企业在推动创新发展战略的实施方面蕴藏着更为巨大的潜力。

三、不同劳动密集度分析

劳动力是企业重要的生产要素，不同企业的劳动密集度存在显著差异。社会保险投入程度体现了企业对于人力资本的重视程度，在劳动密集度高的企业中，社会保险投入水平更高，由此与创新绩效的正相关关系更强。从另一个角度来看，企业的劳动密集度越高，企业需要付出的成本尤其是人力成本也会越高，这也会迫使企业的管理者不得不增加更多的资本与技术的投入，代替价格相对较高的劳动力，资本与技术投入的增加也会对企业的创新绩效产生一定的积极作用。

参考李建强等（2020）的做法，本书以企业总员工人数除以营业收入后取自然对数衡量企业劳动密集度，并构建如式（6.5）所示的回归模型。回归结果如表6.7第（5）所示，表明劳动密集度对社会保险投入水平与企业创新绩效的正相关关系会起到加强的作用。

$$Innovation_{i,t} = \alpha_0 + \alpha_1 Insurance_{i,t} \times Intensive_{i,t} + \alpha_2 Insurance_{i,t} + \alpha_3 Intensive_{i,t} \\ + \sum Controls_{i,t} + \sum Year_{i,t} + \sum Industry_{i,t} + \varepsilon_{i,t} \quad (6.5)$$

表 6.7　异质性分析检验结果

	（1） Innvation SOE=1	（2） Innvation SOE=0	（3） Innovation List=1	（4） Innovation List=0	（5） Innvation
Insurance×Intensive					0.219 0*
					(1.87)
Intensive					−0.004 1**
					(−2.03)
Insurance	0.457 5***	1.270 3***	0.863 5***	1.366 5***	0.914 2***
	(13.84)	(44.92)	(36.64)	(25.41)	(11.69)
Size	−0.000 8*	0.000 9*	−0.000 1	0.001 6	0.000 3
	(−1.69)	(1.85)	(−0.21)	(1.30)	(0.53)
Growth	0.000 1	−0.000 3*	0.000 1	−0.001 2***	−0.000 1
	(0.41)	(−1.80)	(0.57)	(−3.49)	(−0.36)
Lev	−0.014 0***	−0.027 9***	−0.017 4***	−0.042 8***	−0.024 2***
	(−4.06)	(−9.85)	(−7.32)	(−7.32)	(−6.53)
Roa	0.009 4	−0.006 5	0.025 8***	−0.051 5***	−0.002 9
	(0.93)	(−0.99)	(4.10)	(−4.26)	(−0.32)
PPE	−0.015 8***	−0.021 4***	−0.013 5***	−0.051 0***	−0.023 1***
	(−3.88)	(−5.80)	(−4.64)	(−6.27)	(−5.25)
Cash	−0.000 9	0.011 6***	−0.003 1	0.036 2***	0.010 2*
	(−0.18)	(3.26)	(−0.92)	(5.37)	(1.87)
Age	−0.000 8***	−0.000 4***	−0.000 5***	0.000 1	−0.000 7***
	(−8.89)	(−4.20)	(−9.02)	(0.07)	(−7.07)
Top1	−0.000 2***	−0.000 1***	−0.000 2***	−0.000 3***	−0.000 3***
	(−5.04)	(−6.90)	(−9.47)	(−4.38)	(−7.05)

续表

	(1) Innvation SOE=1	(2) Innvation SOE=0	(3) Innovation List=1	(4) Innovation List=0	(5) Innvation
Board	-0.002 8	-0.008 7***	-0.009 0***	-0.011 0**	-0.010 7***
	(-1.01)	(-3.98)	(-4.90)	(-2.57)	(-3.66)
_cons	0.042 5***	0.051 6***	0.046 5***	0.020 8	0.051 8***
	(3.60)	(4.17)	(5.20)	(0.70)	(3.38)
Year&Ind	Yes	Yes	Yes	Yes	Yes
N	3 182	8 104	8 641	2 645	11 286
R^2	0.415	0.469	0.408	0.452	0.453

注：*、**、***分别代表10%、5%和1%的显著性水平。

本章小结

本章是本书实证研究的第三步，旨在分析劳动保护对企业创新的影响效果。在前面两章实证分析的基础上，本章深入到劳动保护的具体措施层面，重点检验社会保险投入水平通过影响人力资本积累最终在企业创新上会有什么样的结果，对 H_6、H_7、H_8 进行验证。研究结果表明，社会保险投入对企业创新存在显著正向影响，并且社会保险投入通过促进企业高质量人力资本积累对企业创新产生促进作用。随着政策发生变化，在位于税收征管强度高地区的企业中，社会保险投入对企业创新的促进作用更强。进一步分析发现，在非国有企业、创业板及科创板上市以及劳动密集度较高的企业中，社会保险投入对企业创新的影响更显著。

第七章 研究结论、政策建议与研究展望

本章将对全书的研究发现进行归纳和总结，并在此基础上提出相应的政策建议，同时指出本书在研究中可能存在的不足和后续研究方向。

第一节 研究结论

本书结合中国的发展特色和实情，以"政策赋能企业行为"为立足点，提炼出政策赋能、劳动保护与中国企业高质量创新发展的逻辑框架，并全面深入地探讨了政策赋能、劳动保护、企业创新三者之间的逻辑关系和影响效应。本书得到的主要结论如下：

（1）本书研究了以政府补贴为代表的产业政策对企业劳动就业行为的影响，包括对企业雇佣劳动力规模、劳动力结构和劳动收入份额的影响。重点研究了流动性约束对政府补贴影响企业雇佣决策的中介作用。同时，分析了政府补贴对企业雇佣决策的影响在不同类型地区、行业和企业中的差异化表现，并且进一步分析了政府补贴对企业内员工薪酬差距、企业经营状况和企业创新的影响。研究结果表明，政府补贴能促进企业雇佣更多的劳动力，提高就业率，增加劳动收入份额；相较于非创新补贴，创新补贴对企业高技能和高学历人才的促进作用更加显著；政府补贴对企业雇佣决策的影响在税收征管力度小、劳动力市场供给充裕的地区，以及盈利能力强和劳动雇佣需求大的企业中更明显。进一步讨论发现，政府补贴改善了企业的经营状况，促进了企业创新，但却扩大了企业高管与普通员工的薪酬差距。

（2）本书从创新角度提供了党组织参与公司治理在员工权益保护下促进公司长期发展的证据：党组织参与公司治理能促进企业创新，该促进作用主要是通过保护员工权益实现的，即通过提高员工社会保险投入、增加人力资本积累、缩小内部收入差距，进而促进企业创新。进一步讨论还发现，这一作用在非管制行业、央企、经济发达地区、员工信任程度更高的企业中更加显著，且当党委书记由高管兼任时，这一影响更为显著。

（3）本书进一步分析了劳动保护对企业创新发展的影响效果，以社会保险

缴纳为切入点，检验社会保险投入水平如何影响企业创新绩效。研究结果发现，社会保险投入对企业创新存在显著正向影响，并且社会保险投入通过促进企业高质量人力资本积累进而对企业创新产生促进作用。随着社会保险征缴机构的转变，在位于税收征管强度较高地区的企业中，社会保险投入对企业创新的促进作用更强。进一步分析发现，在非国有企业、创业板及科创板上市以及劳动密集度较高的企业中，社会保险投入对企业创新的影响更显著。

第二节 政策建议

本书的研究结论为理解政策赋能企业行为的研究提供了更为细致的线索，对于当前我国企业的发展、劳动保护的增强和推进有着重要的理论和政策意义。

第一，在推动就业的过程中，政府应当高度重视以政府补贴为代表的产业政策在促进就业方面的引导作用。首先，由于企业的目标是追求公司价值最大化，往往不会主动承担社会性负担，如招聘更多的员工。因此，政府在制定补助政策时，应当注重其对促进就业的引导作用，让企业真正承担起社会责任，共同推动全面就业的实现。其次，本书的一个重要发现是政府创新补贴和非创新补贴对企业的影响并不相同。通过给予企业经济激励，创新补贴能够鼓励企业加大对研发和创新的投入，从而吸引、留住和培养高素质人才，提升企业的创新能力和竞争力。非创新补贴则更多地关注企业的雇佣规模和劳动收入份额。因此，在制定补助政策时，政府应根据具体情况和预期目标做出差异化调整。鉴于企业类型与需求的多样性，政府可以灵活实施多元化的补贴政策。本书的异质性分析发现，政府补贴对企业劳动力雇佣的影响存在差异性，即不同企业背景与条件下，政府补贴发挥的作用也不相同。因此，政府在实施补贴政策时，必须细致考量各企业的具体情境与实际需求，确保政策的精准性与有效性，进而推动经济高质量发展、促进资源实现最优化配置。政府应该加大对劳动力市场的投入，提高劳动力市场的供给，加大税收征管强度，加大对劳动密集型企业的补贴，以促进这类企业的发展。针对资本技术密集型企业，建议政府加大对高技能员工的培训和支持力度，进而增强企业的核心竞争力。此外，政府应该加大对劳动雇佣不足企业的扶持力度，以促进其发展并缓解就业问题，最终实现社会公平和可持续发展。

第二，本书验证了党组织在激发企业创新活力方面能够发挥积极作用。具体而言：首先，强化党组织建设不仅能够有效维护企业员工的合法权益，构建和谐的劳动关系，为企业的创新活动奠定坚实的人力资源基础，还可以推动企业持续创新、实现转型升级。鉴于此，在当前中国经济步入新常态的背景下，企业需要将党组织建设作为企业治理体系的重要组成部分，引领企业营造积极正面的文化氛围和环境，促进公司治理的完善和企业的发展。其次，党组织参与公司治理，是加强员工权益保护和劳动力保护的有力措施。本书研究结果证明，在企业中加强党的建设会提高员工权益保护水平，表现在给员工缴纳更高的社会保险、增加人力资本积累、降低企业内部收入不平等程度等方面。因此，在目前中国劳动力保护、员工权益保护法律制度还不够完善的环境下，在企业中加强党的建设，不失为一种重要的补充。再次，在党组织建设的具体实施过程中，需要注意企业自身特征以及所处环境的差异，除了最直接的企业的控制权类型、员工信任程度以外，企业所属行业特征、所处地区经济发展水平都是推进党组织建设时应考虑的重要因素。最后，增强员工权益保护是推动企业创新的关键，应当促进企业在党建引领下积极健全内部员工权益保护机制，如社会保险投入、工资分配制度等，更好地保护普通员工群体，在加强员工权益保护的同时提升企业创新能力和水平。

第三，在当前市场竞争激烈的格局下，企业应转变观念，将社会保险视为一项战略性长期投资，吸引并培育高质量人力资本，进而驱动企业价值的提升。同时，政府相关部门需全面审视社会保险缴费比率问题，并着力构建促进企业合规缴费的框架体系。针对当前企业普遍存在的缴费不规范现象，行政机关应加大监督指导力度，及时宣传新政策、新法规，深化企业对社会保险价值的认知。在调整养老保险缴费政策时，政府应充分考虑地区间经济水平、基础设施完善度及税收征管力度的差异性。由于社会保险征收职责已转移至税务部门，位于税务征缴力度大的地区的样本企业，缴费环境更加严格，企业倾向于增加对社会保险的投入，员工利益能够得到更好保障，最终企业创新绩效也得到提升。政府应因地制宜，灵活制定差异化的缴费政策，比如在经济欠发达地区实施更为优惠的缴费政策，而在征管力度较小的区域则强化政策指导与扶持。对于非国有企业、创新导向的中小企业及劳动密集型企业而言，高水平的社会保险投入是激发其创新活力、提升绩效的关键。由于这些企业常面临资金瓶颈与融资挑战，政府应采取多样化措施，如提供财政补贴、设计激励性政策工具等，优化营商环境，确保企业能够增强创新动力。

第三节　研究展望

由于笔者研究能力和客观条件所限，本书仍然存在很多的局限和不足，需要在以后的研究中逐步克服和完善。

首先，本书对政策赋能、劳动保护与高质量创新这一主题中关于政策赋能的研究主要集中于以政府补贴为代表的产业政策领域，虽然分类探讨了不同类型的政府补贴的影响，但政府补贴仅仅是我国众多产业政策工具中的一种，而产业投资基金、税收优惠、政府采购以及其他产业政策工具并未体现在本书的研究内容中。后续拟从产业投资（引导）基金（如国家新兴产业创业投资引导基金、国家中小企业发展基金等）、税收优惠政策（如投资税收优惠、技术改造税收优惠、出口税收优惠、研发税收优惠等）、其他政策工具（如产业结构调整计划、货币手段等）入手，更加深入全面地探讨我国政策赋能经济发展的逻辑和效果。

其次，劳动保护是一个比较宽泛的概念，其内容包括劳动安全、劳动卫生、未成年保护、女工保护等内容，相关的保障措施包括立法保障（如《劳动法》《劳动安全卫生法》等）、组织保障、技术保障、教育培训、健康检查、事故处理等多个方面。而本书主要集中于劳动就业、社会保险投入、人力资本积累等，对诸如组织保障、教育培训、事故处理等方面内容并未涉及。因此，未来将尝试进一步扩展劳动保护的研究内容。

本章小结

本章总结了全书的研究工作。首先，梳理了研究的主要发现和结论，这些结论是基于前面章节的数据分析、实证检验和理论探讨得出的，回答了本研究提出的问题。其次，根据研究结论提出了政策建议，以期对解决实际问题提供参考。最后，反思了研究的局限性和不足之处，并提出了未来研究的方向和展望。希望本书能够激发更多学者和实践者的关注与探讨，共同推动相关领域理论和实践的深入发展。

参考文献

[1] AGHION P, HOWITT P. A Model of Growth Through Creative Destruction [J]. Econometrica, 1992, 60 (2): 323-351.

[2] AGHION P, VAN REENEN J, ZINGALES L. Innovation and institutional ownership [J]. The american economic review, 2013, 103 (1): 277-304.

[3] AHARONY J, LEE C J, WONG T J. Financial packaging of IPO firms in China [J]. Journal of Accounting Research, 2000, 38 (1): 103-126.

[4] AHERN K R, DITTMAR A K. The changing of the boards: the impact on firm valuation of mandated female board representation [J]. The Quarterly Journal of Economics, 2012, 127 (1): 137-197.

[5] AKERLOF G. Labor contracts as partial gift exchange [J]. Quarterly Journal of Economics, 1982, 97 (4): 543-569.

[6] BAE K, KANG J, WANG J. Employee treatment and firm leverage: A test of the stakeholder theory of capital structure [J]. Journal of Financial Economics, 2011, 100 (1): 130-153.

[7] BAI Y, SONG S, JIAO J, et al. The impacts of government R&D subsidies on green innovation: Evidence from Chinese energy-intensive firms [J]. Journal of cleaner production, 2019, 233: 819-829.

[8] BARON R M, KENNY D A. The moderator-mediator variable distinction in social psychological research [J]. Journal of Personality and Social Psychology, 1987, 51 (6): 1173-1182.

[9] BASAK D, MUKHERJEE A. Labour unionisation structure and product innovation [J]. International Review of Economics & Finance, 2018, 55: 98-110.

[10] BELDERBOS RENÉ, TONG T W, WU S. Multinationality and downside risk: the roles of option portfolio and organization [J]. Strategic Management Journal, 2013, 35 (1): 88-106.

[11] BLACK S E, LYNCH L M. What's driving the new economy?: the benefits of workplace innovation [J]. Economic Journal, 2004, 114 (493): 97-116.

[12] BLANCHARD O, SHLEIFER A. Federalism With and Without Political

Centralization. China versus Russia [J]. Harvard Institute of Economic Research Working Papers, 2000, 48 (1): 171-179.

[13] BLOOM N, LIANG J, ROBERTS J, et al. Does working from home work? Evidence from a Chinese experiment [J]. Quarterly Journal of Economics, 2015, 130 (1): 165-218.

[14] BROWN J R, PETERSEN B C. Cash holdings and R&D smoothing [J]. Journal of Corporate Finance, 2010, 17: 694-709.

[15] CAI X, PAN H, GAO C, et al. Top executive tournament incentives and corporate innovation output [J]. Accounting & Finance, 2021, 61 (5): 5893-5924.

[16] CHAN K C, CHEN Y, LIU B. The linear and non-linear effects of internal control and its five components on corporate innovation: Evidence from Chinese firms using the COSO framework [J]. European Accounting Review, 2020, 30 (4): 733-765.

[17] CHANG X, FU K, LOW A, et al. Non-executive employee stock options and corporate innovation [J]. Journal of Financial Economics, 2015, 115 (1): 168-188.

[18] CHANG E C, WONG S M L. Political control and performance in China's listed firms [J]. Journal of Comparative Economics, 2004, 32 (4): 617-636.

[19] CHEMMANUR T, LOUTSKINA E, TIAN X. Corporate venture capital, value creation, and innovation [J]. Review of Financial Studies, 2014, 27 (8): 2434-2473.

[20] CHEN C, CHEN Y, HSU P, et al. Be nice to your innovators: Employee treatment and corporate innovation performance [J]. Journal of Corporate Finance, 2016, 39: 78-98.

[21] CHEN S, SUN Z, TANG S, et al. Government intervention and investment efficiency: Evidence from China [J]. Journal of Corporate Finance, 2011, 17 (2): 259-271.

[22] CHEN J, LEUNG W S, EVANS K P. Are employee-friendly workplaces conducive to innovation? [J]. Journal of Corporate Finance, 2016, 40: 61-79.

[23] CHENG Z. Communist Party branch and labour rights: Evidence from Chinese entrepreneurs [J]. China Economic Review, 2022, 71: 101730.

[24] CRISCUOLO C, MARTIN R, OVERMAN H G, et al. Some causal effects of an industrial policy [J]. American Economic Review, 2019, 109 (1): 48-85.

[25] DE LONG J B, SHLEIFER A. Princes and Merchants: European City Growth before the Industrial Revolution [J]. Journal of Law and Economics,

1993, 36.

[26] KONG D, ZHANG B, ZHANG J. Higher education and corporate innovation [J]. Journal of Corporate Finance, 2022, 72: 102165.

[27] DUONG HUU N, QIU B, RHEE S G. Golden Handcuffs and Corporate Innovation: Evidence from Defined Benefit Pension Plans [J]. The Review of Corporate Finance Studies, 2022, 11: 128-168.

[28] EDMANS A. Does the stock market fully value intangibles? Employee satisfaction and equity prices [J]. Journal of Financial Economics, 2011, 101 (3): 621-640.

[29] FANG V W, TIAN X, TICE S. Does stock liquidity enhance or impede firm innovation? [J]. Journal of Finance, 2014, 69 (5): 2085-2125.

[30] FENG E. Xi Jinping reminds China's state companies who's the boss [EB/OL]. (2016-10-13) [2025-03-03]. https://www.nytimes.com/2016/10/14/world/asia/china-soestate-owned-enterprises.html?auth=login-google1tap&login=google1tap.

[31] GALLIE D, ZHOU Y, FELSTEAD A, et al. Teamwork, skill development and employee welfare [J]. British Journal of Industrial Relations, 2012, 50 (1): 23-46.

[32] GEORGE A A, JANET L Y. The Fair Wage – Effort Hypothesis and Unemployment [J]. Quarterly Journal of Economics, 1990, 105: 255-283.

[33] GIANNETTI M, BURKART M, ELLINGSEN T. What You Sell Is What You Lend? Explaining Trade Credit Contracts [J]. Review of Financial Studies, 2011, 24 (4): 1261-1298.

[34] GREENWALD B C, STIGLITZ J E. Externalities in Economies with Imperfect Information and Incomplete Markets [J]. Quarterly Journal of Economics, 1986, 101 (2): 229-264.

[35] GUAN Y, ZHANG L, ZHENG L, et al. Managerial liability and corporate innovation: Evidence from a legal shock [J]. Journal of Corporate Finance, 2021, 69: 359-378.

[36] GUO L, LIBBY T, LIU X K, et al. Vertical pay dispersion, peer observability, and misreporting a participative budgeting setting [J]. Contemporary Accounting Research, 2020, 37 (1): 575-602.

[37] GUPTA A, BRISCOE F, HAMBRICK D C. Evenhandedness in resource allocation: Its relationship with CEO ideology, organizational discretion, and firm performance [J]. Academy of Management Journal, 2018, 61 (5): 1848-1868.

[38] HAMBRICK D C, MASON P A. Upper echelons: The organization as a

reflection of its top managers [J]. Academy of management review, 1984, 9 (2): 193-206.

[39] HARDIN G J. The tragedy of the commons [J]. Science, 1968, 162: 1243-1248.

[40] HARRIS RICHARD I D. The employment creation effects of factor subsides: Some estimates for northern Ireland manufacturing industry, 1955-1983 [J]. Journal of Regional Science, 1991, 31 (1): 49-64.

[41] HAUSMANN R, D RODRIK. Economic Development as Self-discovery [J]. Journal of Development Economics, 2003, 72 (2): 603-633.

[42] HE J J, TIAN X. The dark side of analyst coverage: The case of innovation [J]. Journal of Financial Economics, 2013, 109 (3): 856-878.

[43] JAGADISH A D, SHARMILA J T. Impact Of Profitability On The Business, Cash Flow And Profitability [J]. PalArch's Journal of Archaeology of Egypt/Egyptology, 2021, 18 (8): 4425-4434.

[44] JIA N, HUANG K G, ZHANG C M. Public governance, corporate governance, and firm innovation: An examination of state-owned enterprises [J]. Academy of Management Journal, 2019, 62 (1): 220-247.

[45] JOSé L T. Social security contributions distribution and economic activity [J]. International Tax and Public Finance, 2021, 29: 378-407.

[46] JUHáSZ R, LANE N, RODRIK D. The new economics of industrial policy [Z]. NBER Working Paper Series, 31538, August, 2003.

[47] OUYANG J. The influence of large shareholder portfolio concentration on enterprise innovation output [J]. World Scientific Research Journal, 2022, 8 (3): 352-357.

[48] KOTABE M, JIANG C X, MURRAY J Y. Examining the complementary effect of political networking capability with absorptive capacity on the innovative performance of emerging-market firms [J]. Journal of Management, 2017, 43 (4): 1131-1156.

[49] LANE N. Manufacturing revolutions: Industrial policy and industrialization in South Korea [Z]. CSAE Working Paper Series, 2022.

[50] LI J J, POPPO L, ZHOU K Z. Do managerial ties in China always produce value? Competition, uncertainty, and domestic vs. foreign firms [J]. Strategic Management Journal, 2008, 29 (4): 383-400.

[51] LIN L W, MILHAUPT C J. We are the (National) Champions: Understanding

the Mechanisms of State Capitalism in China [J]. Social Science Electronic Publishing, 2011, 40 (4): 697-759.

[52] LIN L W. State Ownership and Corporate Governance in China: An Executive Career Approach [J]. Colum. bus. l. rev, 2013. DOI: 10.7916/CBLR. V2013I3.2873.

[53] LIN J Y, CAI F, LI Z. Competition, policy burdens, and state-owned enterprise reform [J]. The American Economic Review, 1998, 88 (2): 422-427.

[54] LIN L Y. Institutionalizing political influence in business: party-building and insider control in Chinese state-owned enterprises [J]. Vt. Law Rev., 2021, 45 (3): 441-480.

[55] LIU G C, LIU Y Y, CHENGSI ZHANG, et al. Social insurance law and corporate financing decisions in China [J]. Journal of Economic Behavior & Organization, 2021, 190: 816-837.

[56] LIU H, LUO J H. Does a religious affiliation make the CEO more likely to use internal CSRs? Evidence from Chinese privately owned firms [J]. The International Journal of Human Resource Management, 2019, 32 (9): 2013-2045.

[57] MACURDY T. How effective is the minimum wage at supporting the poor? [J]. Journal of Political Economy, 2015, 123 (2): 497-545.

[58] FAMA E F. Efficient capital markets: a review of theory and empirical work [J]. The Journal of Finance, 1970, 25 (2): 383-417.

[59] MANKIW N G. The macroeconomist as scientist and engineer [J]. Journal of economic perspectives, 2006, 20 (4): 29-46.

[60] MOYNIHAN D, P HERD, H HARVEY. Administrative Burden: Learning, Psychological, and Compliance Cost in Citizen-State Interactions [J]. Journal of Public Administration Research and Theory, 2015, 25 (1): 43-69.

[61] MUSACCHIO A, LAZZARINI S G, AGUILERA R V. New varieties of state capitalism: Strategic and governance implications [J]. Academy of Management Perspectives, 2015, 29 (1): 115-131.

[62] NI H, LIU W, YANG Z. Training investment, human capital upgrading and firm innovation: the role of government training subsidies [J]. Kybernetes, 2023, 59 (3): 2934-2966.

[63] NIELSEN I, SMYTH R. Who bears the burden of employer compliance with social security contributions? Evidence from Chinese firm level data [J]. China Economic Review, 2007, 19: 230-244.

[64] NORTH D C. A Neoclassical theory of the state [J]. Rational Choice, 1981: 248-260.

[65] NORTH D C. Institutions and a transaction-cost theory of exchange [J]. Perspectives on Positive Political economy, 1990, 182 (191): 19.

[66] OVTCHINNIKOV ALEXEI V, REZA SYED W, YANHUI W. Political Activism and Firm Innovation [J]. Journal of Financial and Quantitative Analysis, 2019, 55: 1-36.

[67] PAPPAS K, WALKER M, XU A L, et al. Do Government Subsidies Affect Income Smoothing? [J]. Social Science Electronic Publishing, 2017 Available at SSRN 3061933.

[68] PARASKEVOPOULOU E. Non-technological regulatory effects: implications for innovation and innovation policy [J]. Res. Policy, 2012, 41: 1058-1071.

[69] PFAU-EFFINGER B. Culture and welfare state policies: Reflections on a complex interrelation [J]. Journal of Social Policy, 2005, 34 (1): 3-20.

[70] QIAO HAIKE, SU QIN. Impact of government subsidy on the remanufacturing industry [J]. Waste Management, 2021, 120 (3): 433-447.

[71] QING W, XIAOKE C, CHAN KAM C, et al. Born to innovate? The birth-order effect of CEOs on corporate innovation [J]. Journal of Business Finance & Accounting, 2021, 48: 1846-1888.

[72] RAJAN R G, ZINGALES L. Financial Dependence and Growth [J]. The American Economic Review, 1998, V88: 559-586.

[73] RHODES M. Globalization, Labour Markets and Welfare States: A Future of "Competitive Corporatism"? [M]. Palgrave Macmillan UK, 1998.

[74] RICHARDSON S. Over-investment of Free Cash Flow [J]. Review of Accounting Studies, 2006, 11: 159-189.

[75] ROBERT B. Capital laborrrelations in OECD countries: from the fordist "golden age" to contrasted national trajectories [J]. Cepremap Working Papers, 1990.

[76] RUDRA N. Globalization and the decline of the welfare state in less-developed countries [J]. International Organization, 2002, 56 (2): 411-445.

[77] SCHULTZ T W. Investment in human capital [J]. The American Economic Review, 1961, 51 (1): 1-17.

[78] SCHUMPETER J A. Capitalism, socialism and democracy [M]. Oxford: Routledge, 2010.

[79] SERFLING M. Firing Costs and Capital Structure Decisions [J]. Journal of Finance, 2016, 71 (5): 2239-2286.

[80] SHLEIFER A, VISHNY R W. Corruption [J]. Quarterly Journal of Economics, 1993, 108: 599-618.

[81] SOLOW R M. A contribution to the theory of economic growth [J]. Quarterly Journal of Economics, 1956, 70 (1): 65-94.

[82] STIGLITZ J E. The role of the state in financial markets [J]. World Bank Economic Review, 1993 (suppl_1): 19.

[83] SUN P. Corporate Political Ties in Emerging Markets [M]. The Oxford handbook of management in emerging market, 2019: 291-308.

[84] SUN P, DOH J P, RAJWANI T, et al. Navigating cross-border institutional complexity: A review and assessment of multinational nonmarket strategy research [J]. Journal of International Business Studies, 2021, 52 (9): 1818-1853.

[85] TAKALO T, T TANAYAMA. Adverse Selection and Financing of Innovation: Is There A Need for R&D Subsidies [J]. Journal of Technology Transfer, 2010, 35 (1): 16-41.

[86] TIAN X, WANG T Y. Tolerance for failure and corporate innovation [J]. Review of Financial Studies, 2014, 27 (1): 211-255.

[87] TING H I, WANG M C, YANG J J, et al. Technical expert CEOs and corporate innovation [J]. Pacific-Basin Finance Journal, 2021, 68: 23-35.

[88] VAN ROY V, VéRTESY D, VIVARELLI M. Technology and employment: Mass unemployment or job creation? Empirical evidence from European patenting firms [J]. Research Policy, 2018, 47 (9): 1762-1776.

[89] VERWIJMEREN P, DERWALL J. Employee well-being, firm leverage, and bankruptcy risk [J]. Journal of Banking & Finance, 2010, 34 (5): 956-964.

[90] WANG J, TAN C. Mixed ownership reform and corporate governance in China's state-owned enterprises [J]. Vanderbilt J. Transnatl. Law, 2020, 53 (3): 1055-1108.

[91] WANG K, ZHANG Q, WANG D, et al. The impact of political ties on firms' innovation capability: Evidence from China [J]. Asia Pacific Journal of Management, 2023, 41 (3): 1481-1513.

[92] WANG Y, CAO C, LIU D. Political party system and enterprise innovation: Is China different? [J]. Emerging Markets Finance and Trade, 2023a, 59 (2): 376-390.

[93] WANG Y F, HE T, XU Y K. Labour protection, social security contributions, and corporate innovation: evidence from China [J]. International journal of manpower, 2023b, 44（8）: 1571-1586.

[94] WREN C, WATERSON M. The direct employment effects of financial assistant to industry [J]. Oxford Economics Paper, 1991: (43): 116-138.

[95] XU C. The Fundamental Institutions of China's Reforms and Development [J]. Journal of Economic Literature, 2011, 49（4）: 1076-1151.

[96] YONG Z, ANQI L, RONGRONG L, et al. A Study on the Relationship Between Technical Independent Directors and Enterprise Innovation Under Media Attention [J]. Journal of Finance and Accounting, 2021, 9: 258-267.

[97] YU F, WANG L, LI X. The effects of government subsidies on new energy vehicle enterprises: The moderating role of intelligent transformation [J]. Energy Policy, 2020, 141（6）: 1-8.

[98] ZHANG Y, LI H, LI Y, et al. FDI Spillovers in an Emerging Market: The Role of Foreign Firms' Country Origin Diversity and Domestic Firms' Absorptive Capacity [J]. Strategic Management Journal, 2010, 31: 969-989.

[99] ZHOU J, WU R, LI J. More ties the merrier? Different social ties and firm innovation performance [J]. Asia Pacific Journal of Management, 2019, 36（2）: 445-471.

[100] ZHOU K Z, GAO G Y, ZHAO H. State ownership and firm innovation in China: An integrated view of institutional and efficiency logics [J]. Administrative Science Quarterly, 2017, 62（2）: 375-404.

[101] ZHOU K Z, LI J J, SHENG S, et al. The evolving role of managerial ties and firm capabilities in an emerging economy: Evidence from China [J]. Journal of the Academy of Marketing Science, 2014, 42（6）: 581-595.

[102] ZINGALES L. In search of new foundations [J]. The Journal of Finance, 2000, 55（4）: 1623-1653.

[103] 白雪洁, 王欣悦, 宋培. 适应新发展格局的产业政策体系演变逻辑与主要趋向 [J]. 西安交通大学学报（社会科学版）, 2024（4）: 36-46.

[104] 曾建光, 步丹璐, 饶品贵. 无偿划转、政府补贴与社会福利 [J]. 世界经济, 2017（7）: 147-168.

[105] 陈德球, 陈运森, 董志勇. 政策不确定性、税收征管强度与企业税收规避 [J]. 管理世界, 2016（5）: 151-163.

[106] 陈冬华, 范从来, 沈永建. 高管与员工: 激励有效性之比较与互动

[J]．管理世界，2015（5）：160-171．

［107］陈和，黄依婷．政府创新补贴对企业数字化转型的影响：基于A股上市公司的经验证据［J］．南方金融，2022，（8）：19-32．

［108］陈怡安，陈刚．社会保险与创业：基于中国微观调查的实证研究［J］．人口与经济，2015（6）：73-83．

［109］陈云贤．中国特色社会主义市场经济：有为政府+有效市场［J］．经济研究，2019，54（1）：4-19．

［110］程欣，邓大松，叶丹．更高的社保投入有利于企业创新吗：基于"中国企业-劳动力匹配调查"（CEES）的实证研究［J］．社会保障研究，2019（5）：101-111．

［111］程欣，邓大松．社保投入有利于企业提高劳动生产率吗？：基于"中国企业-劳动力匹配调查"数据的实证研究［J］．管理世界，2020（3）：90-101．

［112］程欣，邓大松．我国企业实际社保缴费率标准的实证分析［J］．统计与决策，2019（3）：185-188．

［113］樊自甫，陶友鹏，龚亚．政府补贴能促进制造企业数字化转型吗？：基于演化博弈的制造企业数字化转型行为分析［J］．技术经济，2022，41（11）：128-139．

［114］方军雄．劳动收入比重真的一致下降吗？：来自中国上市公司的发现［J］．管理世界，2011（7）：31-41．

［115］方晓霞，杨丹辉，李晓华．日本应对工业4.0：竞争优势重构与产业政策的角色［J］．经济管理，2015（11）：20-31．

［116］冯根福，温军．中国上市公司治理与企业技术创新关系的实证分析［J］．中国工业经济，2008（7）：91-101．

［117］高奥，谭娅，龚六堂．国有资本收入划拨养老保险、社会福利与收入不平等［J］．世界经济，2016，39（1）：171-192．

［118］高良谋，卢建词．内部薪酬差距的非对称激励效应研究：基于制造业企业数据的门限面板模型［J］．中国工业经济，2015（8）：114-129．

［119］顾海峰，卞雨晨．内部控制、董事联结与企业创新：基于中国创业板上市公司的证据［J］．管理学刊，2020，33（6）：48-60．

［120］郭玥．政府创新补助的信号传递机制与企业创新［J］．中国工业经济，2018（9）：98-116．

［121］韩剑，郑秋玲．政府干预如何导致地区资源错配：基于行业内和行业间错配的分解［J］．中国工业经济，2014（11）：69-81．

[122] 韩永辉, 黄亮雄, 王贤彬. 产业政策推动地方产业结构升级了吗?: 基于发展型地方政府的理论解释与实证检验 [J]. 经济研究, 2017, 52 (8): 33-48.

[123] 何德旭, 曾敏, 张硕楠. 国有资本参股如何影响民营企业?: 基于债务融资视角的研究 [J]. 管理世界, 2022, 38 (11): 189-207.

[124] 何熙琼, 尹长萍, 毛洪涛. 产业政策对企业投资效率的影响及其作用机制研究: 基于银行信贷的中介作用与市场竞争的调节作用 [J]. 南开管理评论, 2016, 19 (5): 161-170.

[125] 何小钢, 刘叩明. 机器人、工作任务与就业极化效应: 来自中国工业企业的证据 [J]. 数量经济技术经济研究, 2023, 40 (4): 52-71.

[126] 何旭, 马如飞. 高管学术背景、市场化进程与企业创新投入 [J]. 云南财经大学学报, 2020, 36 (10): 88-100.

[127] 贺俊, 吕铁, 黄阳华. 技术赶超的激励结构与能力积累: 中国高铁经验及其政策启示 [J]. 管理世界, 2018 (10): 191-207.

[128] 贺俊. 新兴技术产业赶超中的政府作用: 产业政策研究的新视角 [J]. 中国社会科学, 2022 (11): 105-124.

[129] 贺俊. 制度逻辑、竞争位势与政府干预: 美国产业政策的分解与合成 [J]. 国际经济评论, 2023 (4): 70-92.

[130] 黄平. 解雇成本、就业与产业转型升级: 基于《劳动合同法》和来自中国上市公司的证据 [J]. 南开经济研究, 2012 (3): 79-94.

[131] 黄群慧, 贺俊. 赶超后期的产业发展模式与产业政策范式 [J]. 经济学动态, 2023 (8): 3-18.

[132] 黄速建, 刘美玉. 不同类型信贷约束对小微企业创新的影响有差异吗 [J]. 财贸经济, 2020 (9): 55-69.

[133] 黄阳华, 吕铁. 深化体制改革中的产业创新体系演进: 以中国高铁技术赶超为例 [J]. 中国社会科学, 2020 (5): 65-85.

[134] 江飞涛, 等. 理解中国产业政策 [M]. 北京: 中信出版社, 2021.

[135] 蒋银娟. 政府补贴对企业就业波动的影响研究 [J]. 财经研究, 2021, 47 (4): 108-123.

[136] 解维敏, 唐清泉, 陆姗姗. 政府R&D资助、企业R&D支出与自主创新: 来自中国上市公司的经验证据 [J]. 金融研究, 2009 (6): 86-99.

[137] 解维敏. 业绩薪酬对企业创新影响的实证研究 [J]. 财贸经济, 2018 (9): 141-156.

[138] 鞠晓生, 卢荻, 虞义华. 融资约束、营运资本管理与企业创新可持续

性［J］．经济研究，2013（1）：4-16．

［139］凯恩斯．就业利息和货币通论［M］．北京：商务印书馆，2019．

［140］黎文靖，郑曼妮．实质性创新还是策略性创新？：宏观产业政策对微观企业创新的影响［J］．经济研究，2016（4）：60-73．

［141］李刚，侯青川，张瑾．政府补助与公司投资效率：基于中国制度背景的实证分析［J］．审计与经济研究，2017，32（4）：74-82．

［142］李建强，叶云龙，于雨潇，等．《劳动合同法》、利润冲击与企业短期应对：基于企业盈余管理的视角［J］．会计研究，2020（9）：59-70．

［143］李金雨，王得力．基本养老保险与企业避税［J］．会计与经济研究，2020（1）：74-95．

［144］李磊，韦晓珂，郑妍妍．全球价值链参与增加了劳动力就业风险吗？：基于中国工业企业的经验分析［J］．世界经济研究，2019（6）：71-81，135．

［145］李实，朱梦冰．推进收入分配制度改革促进共同富裕实现［J］．管理世界，2022，38（1）：52-61，76，62．

［146］李逸飞，李金，肖人瑞．社会保险缴费征管与企业人力资本结构升级［J］．经济研究，2023，58（1）：158-174．

［147］厉以宁．市场调节经济政府管理市场［J］．经济研究，1992（11）：11-13．

［148］廖冠民，宋蕾蕾．劳动保护、人力资本密集度与全要素生产率［J］．经济管理，2020（8）：17-33．

［149］林炜．企业创新激励：来自中国劳动力成本上升的解释［J］．管理世界，2013（10）：95-105．

［150］林毅夫，蔡嘉瑶，夏俊杰．比较优势产业政策与企业减排：基于新结构经济学视角［J］．改革，2023（5）：1-17．

［151］刘斌，李磊．贸易开放与性别工资差距［J］．经济学（季刊），2012（2）：429-460．

［152］刘贯春，叶永卫，张军．社会保险缴费、企业流动性约束与稳就业：基于《社会保险法》实施的准自然实验［J］．中国工业经济，2021（5）．

［153］刘惠好，焦文妞．国有股权参股与民营企业投资不足：基于资源效应与治理效应的双重视角［J］．经济管理，2022，44（8）：76-94．

［154］刘满芝，杜明伟，刘贤贤．政府补贴与新能源企业绩效：异质性与时滞性视角［J］．科研管理，2022，43（3）：17-26．

［155］卢昂荻，花泽苏．高铁开通、市场可达性与出口产品质量空间分布［J］．学术研究，2023（2）：87-96，178．

[156] 吕铁, 贺俊. 政府干预何以有效: 对中国高铁技术赶超的调查研究 [J]. 管理世界, 2019 (9): 152-163.

[157] 马连福, 王元芳, 沈小秀. 国有企业党组织治理、冗余雇员与高管薪酬契约 [J]. 管理世界, 2013 (5): 100-115, 130.

[158] 马连福, 王元芳, 沈小秀. 中国国有企业党组织治理效应研究: 基于"内部人控制"的视角 [J]. 中国工业经济, 2012 (8): 82-95.

[159] 毛其淋, 许家云. 政府补贴对企业新产品创新的影响: 基于补贴强度"适度区间"的视角 [J]. 中国工业经济, 2015 (6): 94-107.

[160] 孟庆斌, 李昕宇, 张鹏. 员工持股计划能够促进企业创新吗?: 基于企业员工视角的经验证据 [J]. 管理世界, 2019 (11): 209-228.

[161] 欧定余, 魏聪. 融资约束、政府补贴与研发制造企业的生存风险 [J]. 经济科学, 2016 (6): 63-74.

[162] 潘越, 戴亦一, 李财喜. 政治关联与财务困境公司的政府补助: 来自中国ST公司的经验证据 [J]. 南开管理评论, 2009 (5): 6-17.

[163] 潘越, 汤旭东, 宁博, 等. 连锁股东与企业投资效率: 治理协同还是竞争合谋 [J]. 中国工业经济, 2020 (2): 136-164.

[164] 钱学锋, 张洁, 毛海涛. 垂直结构、资源误置与产业政策 [J]. 经济研究, 2019 (2): 54-67.

[165] 任胜钢, 郑晶晶, 刘东华, 等. 排污权交易机制是否提高了企业全要素生产率: 来自中国上市公司的证据 [J]. 中国工业经济, 2019 (5): 5-23.

[166] 任志江, 苏瑞珍. 增强医疗保障减贫效应的再分配实现机制研究: 基于改善亲贫性的视角 [J]. 中国行政管理, 2020 (8): 88-93.

[167] 芮明杰, 韩佳玲. 产业政策对企业研发创新的影响研究: 基于促进创新型产业政策"信心效应"的视角 [J]. 经济与管理研究, 2020 (9): 78-97.

[168] 邵敏, 包群. 政府补贴与企业生产率: 基于我国工业企业的经验分析 [J]. 中国工业经济, 2012 (7): 70-82.

[169] 沈永建, 范从来, 陈冬华, 等. 显性契约、职工维权与劳动力成本上升:《劳动合同法》的作用 [J]. 中国工业经济, 2017 (2): 117-135.

[170] 沈永建, 梁方志, 蒋德权, 等. 社会保险征缴机构转换改革、企业养老支出与企业价值 [J]. 中国工业经济, 2020 (2): 155-173.

[171] 石玉堂, 王晓丹. 企业数字化转型对劳动力就业的影响研究: 基于就业规模、就业结构的双重视角 [J]. 经济学家, 2023 (10): 109-118.

[172] 孙早, 侯玉琳. 工业智能化如何重塑劳动力就业结构 [J]. 中国工业经济, 2019 (5): 61-79.

[173] 唐珏, 封进. 社会保险缴费对企业资本劳动比的影响: 以21世纪初省级养老保险征收机构变更为例 [J]. 经济研究, 2019 (11): 87-101.

[174] 唐清泉, 罗党论. 政府补贴动机及其效果的实证研究: 来自中国上市公司的经验证据 [J]. 金融研究, 2007 (6): 149-163.

[175] 汪圣国, 高岭, 黄永颖. 国有股东持股能提高民营企业的社保遵从度吗? [J]. 经济管理, 2022, 44 (7): 42-58.

[176] 王凤翔, 陈柳钦. 地方政府为本地竞争性企业提供财政补贴的理性思考 [J]. 经济研究参考, 2006 (33): 18-23, 44.

[177] 王红建, 李青原, 邢斐. 金融危机、政府补贴与盈余操纵: 来自中国上市公司的经验证据 [J]. 管理世界, 2014 (7): 157-167.

[178] 王会娟, 余梦霞, 张路, 等. 校友关系与企业创新: 基于PE管理人和高管的关系视角 [J]. 会计研究, 2020 (3): 78-94.

[179] 王佳菲. 正确认识和运用"看不见的手"和"看得见的手": 学习习近平总书记关于政府和市场关系的系列论述 [J]. 经济研究, 2016, 51 (3): 46-48.

[180] 王蓉. 政企关系、政府补助动机及其实施效果文献综述 [J]. 财会通讯, 2011 (9): 98-99, 116.

[181] 王帅, 王亚男, 秦睿祺. 地方政府欠款治理与民营企业劳动雇佣决策 [J]. 数量经济技术经济研究, 2023, 40 (12): 172-193.

[182] 王晓君, 付文林. 政府补助能有效缓解行业内薪酬差距吗?: 基于技术外溢程度的中介效应 [J]. 社会科学战线, 2020 (4): 246-252.

[183] 王晓云, 许家云. 薪酬管制的创新效应: 基于"限薪令"的准自然实验 [J]. 中国科技论坛, 2019 (12): 48-57.

[184] 王雄元, 黄玉菁. 外商直接投资与上市公司职工劳动收入份额: 趁火打劫抑或锦上添花 [J]. 中国工业经济, 2017 (4): 136-154.

[185] 王亚男, 戴文涛. 内部控制抑制还是促进企业创新?: 中国的逻辑 [J]. 审计与经济研究, 2019 (6): 19-32.

[186] 王延中, 龙玉其, 江翠萍, 等. 中国社会保障收入再分配效应研究: 以社会保险为例 [J]. 经济研究, 2016 (2): 4-15.

[187] 王永钦, 董雯. 机器人的兴起如何影响中国劳动力市场?: 来自制造业上市公司的证据 [J]. 经济研究, 2020, 55 (10): 159-175.

[188] 魏天保, 马磊. 社保缴费负担对我国企业生存风险的影响研究 [J]. 财经研究, 2019 (8): 112-126.

[189] 魏志华, 吴育辉, 曾爱民. 寻租、财政补贴与公司成长性: 来自新能

源概念类上市公司的实证证据［J］.经济管理,2015,37（1）：1-11.

［190］魏志华,夏太彪.社会保险缴费负担、财务压力与企业避税［J］.中国工业经济,2020（7）：136-154.

［191］吴超鹏,唐菂.知识产权保护执法力度、技术创新与企业绩效：来自中国上市公司的证据［J］.经济研究,2016（11）：125-139.

［192］吴伟伟,张天一.非研发补贴与研发补贴对新创企业创新产出的非对称影响研究［J］.管理世界,2021,37（3）：137-160.

［193］吴笑晗,周媛.社会保险"费改税"的思考：基于疫情影响下就业形势［J］.税务研究,2020（6）：37-40.

［194］夏立军,陈信元.市场化进程,国企改革策略与公司治理结构的内生决定［J］.经济研究,2007,42（7）：15.

［195］小宫隆太郎,奥野正宽,铃村幸太郎.日本的产业政策［M］.北京：国际文化出版公司,1988.

［196］肖土盛,孙瑞琦,袁淳,等.企业数字化转型、人力资本结构调整与劳动收入份额［J］.管理世界,2022,38（12）：220-237.

［197］徐梅,黄雯.对我国社会养老保险制度的评价：基于公平性视角［J］.技术经济与管理研究,2014（9）：61-65.

［198］许家云,毛其淋.互联网如何影响了中国制造业就业？［J］.经济学（季刊）,2023,23（4）：1408-1423.

［199］许玲玲,余明桂,钟慧洁.高新技术企业认定与企业劳动雇佣［J］.经济管理,2022,44（1）：85-104.

［200］薛云奎,白云霞.国家所有权、冗余雇员与公司业绩［J］.管理世界,2008（10）：96-105.

［201］严若森,陈静,李浩.企业盈余管理与政府补贴绩效：区分创新补贴与非创新补贴［J］.东南大学学报（哲学社会科学版）,2023,25（1）：45-57.

［202］阳义南,贾洪波,展凯.社会保险对劳动年龄人口"安全感"的影响研究［J］.中国人口科学,2020（2）：44-55.

［203］杨继东,罗路宝.产业政策、地区竞争与资源空间配置扭曲［J］.中国工业经济,2018（12）：5-22.

［204］杨龙见,王路,刘冲.社保降费、融资约束与僵尸企业处置［J］.财贸经济,2020（8）：19-33.

［205］杨瑞龙,侯方宇.产业政策的有效性边界：基于不完全契约的视角［J］.管理世界,2019（10）：82-94.

［206］杨兴全,尹兴强,孟庆玺.谁更趋多元化经营：产业政策扶持企业抑

或非扶持企业？[J]. 经济研究, 2018, 53 (9): 133-150.

[207] 杨洋, 魏江, 罗来军. 谁在利用政府补贴进行创新？：所有制和要素市场扭曲的联合调节效应 [J]. 管理世界, 2015 (1): 75-86, 98, 188.

[208] 叶阳平, 马文聪. 政府补贴、高管团队社会资本与企业创新合作 [J]. 科研管理, 2023, 44 (5): 85-95.

[209] 易靖韬, 张修平, 王化成. 企业异质性、高管过度自信与企业创新绩效 [J]. 南开管理评论, 2015 (6): 101-112.

[210] 于文超, 殷华, 梁平汉. 税收征管、财政压力与企业融资约束 [J]. 中国工业经济, 2018 (1): 100-118.

[211] 余明桂, 回雅甫, 潘红波. 政治联系、寻租与地方政府财政补贴有效性 [J]. 经济研究, 2010, 45 (3): 65-77.

[212] 余明桂, 范蕊, 钟慧洁. 中国产业政策与企业技术创新 [J]. 中国工业经济, 2016 (12): 5-22.

[213] 詹新宇, 余倩. 政府补助的收入分配效应：基于劳动收入份额视角的模型与实证 [J]. 财政研究, 2022 (5): 59-77.

[214] 张伯伟, 沈得芳. 政府补贴与企业员工就业：基于配对倍差法的实证分析 [J]. 经济学动态, 2015 (10): 31-38.

[215] 张铂晨, 赵树宽. 政府补贴对企业绿色创新的影响研究：政治关联和环境规制的调节作用 [J]. 科研管理, 2022, 43 (11): 154-162.

[216] 张继袖, 陆宇建. 控股股东、政府补助与盈余质量 [J]. 财经问题研究, 2007 (4): 41-47.

[217] 张克中, 何凡, 黄永颖, 等. 税收优惠、租金分享与公司内部收入不平等 [J]. 经济研究, 2021, 56 (6): 110-126.

[218] 张莉, 朱光顺, 李夏洋, 等. 重点产业政策与地方政府的资源配置 [J]. 中国工业经济, 2017 (8): 63-80.

[219] 张鹏杨, 徐佳君, 刘会政. 产业政策促进全球价值链升级的有效性研究：基于出口加工区的准自然实验 [J]. 金融研究, 2019 (5): 76-95.

[220] 张三峰, 张伟. 融资约束、金融发展与企业雇佣：来自中国企业调查数据的经验证据 [J]. 金融研究, 2016 (10): 111-126.

[221] 张维迎. 产业政策争论背后的经济学问题 [J]. 学术界, 2017 (2): 28-32.

[222] 张璇, 刘贝贝, 汪婷, 等. 信贷寻租、融资约束与企业创新 [J]. 经济研究, 2017 (5): 161-174.

[223] 张志元, 马永凡. 政府补助与企业数字化转型：基于信号传递的视角

[J]．经济与管理研究，2023，44（1）：111-128．

［224］赵宸宇．数字化转型对企业劳动力就业的影响研究［J］．科学学研究，2023，41（2）：241-252．

［225］赵春明，李震，李宏兵．中国出口增速放缓与区域劳动力市场就业调整［J］．财经研究，2021（1）：135-152．

［226］赵健宇，王文慧．降低养老保险缴费比例能抑制企业避税吗？［J］．会计之友，2020（14）：70-76．

［227］赵凯，徐圣翔．外部环境、企业创新与政府补贴［J］．统计与决策，2023，39（6）：167-172．

［228］赵仁杰，范子英．养老金统筹改革、征管激励与企业缴费率［J］．中国工业经济，2020（9）：61-79．

［229］赵婷，陈钊．比较优势与产业政策效果：区域差异及制度成因［J］．经济学（季刊），2020（3）：777-796．

［230］郑世林，张果果．制造业发展战略提升企业创新的路径分析：来自十大重点领域的证据［J］．经济研究，2022（9）：155-173．

［231］穆勒．政治经济学要义［M］．北京：商务印书馆，2010．

［232］周晓光，廖梦婷．社保缴费负担对企业投资的影响［J］．劳动经济研究，2021（1）：123-144．

［233］邹彩芬，许家林，王雅鹏．政府财税补贴政策对农业上市公司绩效影响实证分析［J］．产业经济研究，2006（3）．

后　　记

　　本书得以顺利出版，要感谢首都经济贸易大学会计学院于鹏院长、许江波书记、赵懿清副院长、王茂林副院长等院领导的关心支持，感谢首都经济贸易大学出版社各位编辑的无私帮助。本书是北京市教育委员会科技/社科计划项目资助（R&D Program of Beijing Municipal Education Commission）"政党制度优势转化为北京市国有企业高质量发展的机制、路径与对策研究"（编号：SZ202210038021）、北京市社会科学基金一般项目（编号：21GJB021）的阶段性成果。

　　本书各部分内容在不同的学术会议和研讨会上进行过报告交流，感谢投稿过程中学术期刊匿名审稿人提出的宝贵建议。由于时间和水平所限，书中难免有不当之处，诚盼读者批评指正。